明清科考墨卷集

第六冊

卷十六
卷十七
卷十八

林祖藻 主編

蘭臺出版社

第六冊　卷十六

子路從而後遇丈人以杖荷篠

賢者不期而與隱士遇其所負有足紀焉夫子路所從者何人而乃與丈人遇觀其以杖荷篠不已有足紀乎且聖人所為栖栖於天下者原冀得一遇焉以荷斯世斯民之責耳至於道途相失弟子所欲追而及者應必有人焉而乃與肥遯之子相遇於寬閒之野一時情事有令人繪之如覩焉昔孔子轍環四國大約子路相（先提出孔子從字方有着落）從之日為多一旦遺之在後其將何以為情（以下自不須數見）夕陽已在山矣杳乎其後顧者亦茫乎其在前盼伊人於宛在意皇皇其何之非有尉（薄暮相失情景如畫）止之歡究無以釋其瞻仰之願曰影則已斜矣止焉其若忘者亦

行馬其若遺望吾師兮天一方心搖搖而靡泊雖有化鄉之客終無以遂其翹企之私而不謂所遇者乃丈人也丈人所以者唯杖

此語入情入理就初念說

所荷者唯蓧情有所異遇之一人即別有人焉而不足以相代夫

按切夫子安適

子路所竭蹶而欲遇者非即其負笈而樂從者乎乃遥望前途彼

子路當時目中所遇實是如此

蒼顏而白髮者衣非縫掖而襏襫是被器非琴書而草耜是任丈人固屬農家者流雖目中之所忽遇尚非情中之所欲遇者矣意

對就情念說猶中情景已為問子見夫子地

有所急遇之一人即偶得人焉而或有以相托夫子路所躡蹻而思遇者非即其所擔簦而步趨者耶乃遠盻平疇彼野衣而草服者引翼有年尚負鋤之不倦眉睫可介猶田器之不離丈人為農

成語絕對
夫以沒世雖不過意外之所適迥或可得目中之所欲遇者矣凡人業之所需恆視夫身之所佩彼丈人之所需豈子路之所素識耶乃我方心急如炎胡牛羊下來之際猥遇此田野之老而所以
點以
荷亦竟活動
所荷身無他營已早覺其閑閑而泄泄凡人肩之外仔不越乎志之所向彼丈人之所向寧子路之所稔悉耶乃我方行盡如馳胡
唐句對毛詩妙切薄暮時景
點杖篠亦有情致
斂人驅犢之時更遇此閑曠之叟而為杖為篠樂此不倦應轉笑夫熙熙而穰穰此道旁過客或亦丈人之所見乎子路所為切切然進而以夫子問之云

三句只閑記從後所遇全旨在下文然子路從後時已是薄暮

投宿時。遇丈人時。正欲遇夫子時。杖荷篠已與勤體分穀打照。

從此體會。緣景生情。細繪淡描。乃畫家逸品。受業生寗人瑩

子路從而　二句

失於從者或得我遇也夫子路亦從丈人者而何必遇之然既已後

矣猶幸有荷蓧者來乎今夫聚散之緣天也亦視其人也為意中人

則何聚不可為意外人則可散不必聚至於聚者倏散散者忽聚

安知非天故以意中人之緣做之意外人也緊昔瓜瓜周旋禮氏實

從故鄉遠矣雖鮮家人之樂客路遐哉猶結師弟之歡或徜徉於林

畢吾子步乎子路亦步或馳驅乎追隨吾子趨乎子路亦趨於是塗中人

田夫凡幾輩若無視之者而出之野老凡幾人又若弗聞也者而心然

之夫何楚蔡之交地非平曠往來之衝勢脈參錯曾追隨之幾何而

子路已瞠乎後矣維詩曰人之多矣泯岐路之真窮天各一方幡焉首
以委適相望吾師在南山之南乎在北山之北乎何許丈人其人々燃
民之民與其爲天民之民與遠而睨之則負杖也近而即之且荷蓧
也異哉甫失所從旋有所遇乎遇也者不期之會也維茲丈人々何姓
之繫何字之傳適而過焉此誰者嗟於行路彼將首事於田疇語有
云幾所度而不用相奇意乎路之於丈人亦嘗萍水之逢足矣第遇
也者又天作之合也相彼丈人其貌甚樸其情甚古幸一遇之不啻
候人之為導家遇同堂之視牽詩有云邂逅相逢適我願兮意丈人
之於子路真與班荊而款爾矣後者自後荷者自荷豈其所遇即所

從也。而方將從後者。偶有荷者。安見所從不賴所遇也。吾於此將觀聖
賢之緣矣。
最多用參差筆者。偏以閒整之筆出之。整而流〻而宕〻而潔。又
是傳記之口〻體

子路從而後　行矣　十二歲文

從聖者偶失所從遇隱而終難再遇、夫子路之未見夫子無心于遇丈人也及既曰夫子有意于遇隱者、而丈人無心有意之間、則又與甚且春秋有夫子固時行即止之聖人也有從之者即有避之者從者不及從而有所遇遇則不及避而亦不得不遇爾時禮篤主賓心如秦越又何怪其行止之迥異哉何異乎爾蓋世莫識聖人亦並不識隱者祿祿者既無可告語何必為乍合之萍踪第隱者終不欲識聖人而聖人未始不識隱者滔滔者亦孰恐淪胥何必誇見幾之獨早以此言之子路亦惟不遇丈已耳道

之而不問則又已耳無如以追隨恐後之人一旦覺　緣急之
未同適令髙人賦招隱之什若夫人亦惟不止宿則已耳止宿而
況而泊焉則又已耳無如得躬耕聚處之樂急欲持贈迷途啟勸
通欵乃致賢者誌傾蓋之廬顧或者以為夫人不倨則子路不恭
而非也禮尚敬長雖農夫兼齒德之尊日暮途窮況覊旅鮮棲遲
之所設使夫人當日輟耕扶杖荷蓧而行亦子路所無如何也而
必以切責動容之人趨敬諒夫人不恭足之飾情也或且以爲子
路不恭則夫人不止亦非也一語不合雖知己未為同心已乎曰
々從焉情亦嘗有禮設使子路當時不俟明日行不再至亦夫人

所無如何也而必因徵色發聲鞠躬待宿諒子路不若是之忘情
也蓋其植而芸者謂子見夫子之問之不經也其拱而立者覺其
爲夫子之答之之理也惟賢人能受責責勿訝老成之戀其難
之食也即子路亦謂此從分五穀分者也其二子之見也即子路
亦謂此而勤四體來者也言有徵則意相洽無不可近之人然而
子路之所欲見者夫子也豈丈人之是從然而夫子之欲與言者
然有也，合子路其誰使然而丈人固以一見爲戒也已逆料子路
之必至然而隱者何妨再遇爲歡也必將驀夫子而俱來而奈何
哉室邇人遐空谷足音已飄渺于烟霞之外矣夫 斯人之

合之故既難卜諸廟堂又難期諸草野則信乎道之二 洵𭢽之

哉

𤸘聹不斷如題敘次而英氣迸露名言絡繹想見其力大于身

陳宏緒

艾𠕋伯公評

散者整之文心如織題句化爐冶頗得先輩巧法

遇丈人以 行矣　王者臣

一遇而不復見隱者之所爲也蓋遇則無心而見則有意丈人之不與聖賢伍也夫是之謂隱者且千古之隱君子皆千古至性人也身在世中遇可敬之人其敬之也未嘗不篤而心在世外即遇可敬之人其絕之也未嘗不果如丈人之于子路是已子路從夫子而偶在後斯時也且行且止將信將疑吾夫子安往乃忽遇曳杖而來荷蓧而至者即而視之則丈人也嗟乎丈人豈欲見子路者乎彼所知者四體耳五穀耳隱者之所爲豈肯與吾徒通姓氏道行蹤哉宜其聞子路之問而芸焉莫之顧也維時子路可以行矣乃子路祗俟爲非

常人彼亦覩子路為非常人即目止子路宿其家具鷄黍見二子可
不謂有禮焉意丈人者必且與家人謀謂彼敏佩蕭疎貌似儒者明
不必問然正不必不問
日彼必行然必復至即奈何以不入耳之談來相告語也彼去我亦
自此行焉未幾子路果行而夫子果嘆其為隱而使子路反見也彼
子路者方欲曉以四體之不必勤五穀之不必分豈知登其堂披其
户丈人已遯乎其不可復還也哉噫洗耳者流耶沈淵者類耶一遇
而不可復見其真隱者之所為乎子路雖不得與語然而君臣大義
已千古維昭矣

用序事法間以布設妙于煩蕪盡滌遂能獨覩于風雅

○○遇丈人以杖荷蓧

江南李學院歲考取入儀真縣學一名 王祖修

誌賢者之所遇、其愚若可幸也、夫荷蓧之丈人、而忽與子路遇乎、君子留此一遇也、深其幸也、故誌之、且天下事大率于其偶耳、幸而得時則篤其偶也、即不幸而勢々適逢、○猶或有人焉與之邂逅而適值○夫安往而非出于偶然者乎○故人與人不必素相謀○而偶爾之間○其人可接○恐此際之兩相接者○未必其兩相忘也已○昔子路之從而後也○斯時得毋私自討○曰歧路堪悲也○庶幾有示我周行者于○又得毋深爲莫○曰爰皇失次也○倘或有邂逅相遇者乎○其情切○其意迫○方皇皇而往○乃○無○何○有○耕○耘○隴○上○（入○趣○有○神○致○）者皤然一丈人○來○矣○此○時○兩○人○盍○適○相

遇云遇以言乎其作達也生乎知交不乏未聞有丈人第遠而望之
知無有話
不覺與之而漸親則遇也其相爲媒面者遂在道在矣一遇以言乎其
猝合也夙昔姓字鮮通不知有丈人第遠而視之不覺與之而忽近
則遇也其儕爲捘合者遂在隴畔矣獨是丈人何如人哉稱之曰丈
天然自工不涉纖巧
人意古所云杖乎鄉者是其人即杖之在大人宜也或執杖而壽考
并去此等觭、便佳絕
或登臨而寄眺彼既鮮所負荷以建功業于當代而觀察世慕亦得
與杖國杖朝者少休憩焉夫朝不出此而乃托農業以自安也爰爲
爾蓧曰吾將有事于西疇豈番番黃髮猶不忘田功歟噫子路所遇
之丈人儼然一荷蓧人也豈此之荷蓧者亦荷蕢者流歟田間作苦

丈人不辭其瘁或欲于日夕之暇訪求天下之奇士也未可知于鄰
舉訊丈人不敢告勞或更于周道之旁心數往來之行人也未可知
此時過若荷蓧之丈人苟使征人之意至是而一慰甚難乎有此遇
也此時遇若荷蓧之丈人令徒以高人之語反重貽之誚又不如其
弗遇也乃爾時于路則以丈人為荷蓧者耳吾遇之諒彼亦遇夫子
也亟為問之可乎

點綴易近纖靡挑剔則更下矣清辣澹雅此獨高人數倍　李學院原批
邊字荷字入俗手恐遭全出矣文故妙在雅淡

［子路從而後］遇丈人以 行矣 朱衡

遇丈人以行矣　朱衡

可遇不可見隱者僻矣蓋遇則無心見則有意行止無定僻甚矣故
稱隱者且宇宙曠工人生行止盡道客耳獨子路之後夫子、遇丈人、
一主一客有意無意有足異者夫丈人隱君子也山巔水涯行蹤靡
定者也子路遇之天假之緣乎意、異矣亟訊夫子意又左矣丈人曰
磊落欹嵜無非異境
勤四體曰分五穀勞力也田家事也曰孰為夫子隱見殊也植杖者
息肩也若者除務也子路聆其言度為隱者頓起敬故拱立大人以
彼敬吾亦敬敬止宿殺雞為黍款之也見其二子覿之也是時主客
肅如盤盂秩如二子雖如儻竟夕矣不知東方既白轉睇明日而子

蕭南繳先正筆　肅梅齋

壽南徵先生筆　甫梅齋

將行矣行者猶心止者無意過者無心荷者有意于曰與哉隱者無

心酬酢無慾雖獲使子路反見之聖人不絕隱者而隱者已決計避

人矣至則行矣始以不遇而遇（筋節領有法）終以遇而不遇意、畏矣哉雖天假之

緣而道匪其偶君子曰是亦一果哉荷蕢者雖然丈人之風山高水

長

直叙中自有風神有關鍵似韓柳小文字　劉大山

別有風趣娓娓異人

子路從而　一節　　任蘭枝

後聖人迫於見聖責人者若即以自責焉夫丈人止知荷蓧耳不知從夫子者安知夫子然子路之心則迫矣而丈人之言與事何其偕也吾夫子嘗有言矣曰吾不如老農抑斯志也老農亦竊笑之故有邂逅之間其詞甚直其業甚勤鄙吾彼之已拙而托已事之爲勞若所遇之丈人者孰遇之子路遇之也子路曷為遇之子路從而後也斯時日暮途遠焉首靡托悵望夫子雲山間之環顧野田草露間或耘或耔欲往問焉得毋此中復有沮溺耶未幾見一丈人以杖荷蓧而來固亦將有事于菑者察其年甚高覩其貌

甚古當不吾欺也乃前而問曰子見夫子乎蓋稅駕情殷既以在後而愈遠而聲稱既熟亦不待擇人而始施子路之于丈人誠可謂相須之急矣而丈人則曰以吾之朝夕芸于此也所見無非勤四體之人也如爾之四體不勤者吾見亦罕矣而又安知爾不勤四體者之夫子即以吾之朝夕杖于茲也所見無非分五穀之人也如爾之五穀不分者吾未之見矣而又安知爾未分五穀者之夫子四體人所自具五穀人所易知乎尚失之乎作息之際況耳不習夫子之名目不識夫子之貌又何從得之道路之間雖然毋為多言矣吾固將有事于芸者也子之去子終不可以見而吾之

吾亦不可以後奈何以予故妨吾業于是乃植其杖而芸芸落落數言未暇慰征人之志而閑閑十畝且自親高士之操子路斯時亦遂悚然動容幾不敢目丈人為何如人矣

淡華耳卻有無數結搆在內惟熟于古者能之如入邃谷幽岩步步變態叔翌聖

子路從

子路從而後　　江世俊

從行而忽後偶然之相失也夫子路從行有日矣乃有時忽後豈非偶然之相失哉昔子路之於夫子從遊日久固無日不在夫子之前也乃者石門一役獨寐孤踪已悵悵於旅館然而適所自來則來自孔氏猶云自此而前也非同於倉皇失次也不謂忽爾相睽又有從而後一事夫子路勇行者也果銳而前何遽不勉豈其趄蹟道路反背任爾優遊乎子路藥人者也邁徃以赴何事不前豈其杖策征途偏云不勝跋涉然而天下事固非有意計所及料者

[illegible]

協力而議康濟皇皇道左時欲劍履於風塵離羣而傷孤徃匆匆

客路偶隔音容於俄頃蓋越陌度阡本自同途而路轉峯迴頓成
異地斯時也在夫子悵然吾徒則中心有將欲前而反却在者
省還憶吾黨則[illegible][illegible]弗及更欲往而仍留然而于路於此其心更
迷矣意益切矣心欲追者路愈懸一步一趨轉覺前途之杳渺意
矣拘者慮亦周且行且止轉疑中道之多歧途[illegible][illegible][illegible]繚繞擾若
從學在望乃[illegible][illegible]而[illegible]止已杳然其莫覩矣乍[illegible][illegible][illegible][illegible]淩恍若
未聲轉々乃瀰渺以微之又渺然其莫即矣獨[illegible]々獨行躅々
至山窮歷[illegible]過客[illegible][illegible][illegible]離々行道遲々廣野蕭[illegible][illegible]慰
征人之悵惘四望平疇莫覩行蹤依古道翹瞻遼舍惟見遠樹帶

對面著後字

落○暉○乃不意有人焉○若有所荷而至者即而視之○則以杖荷蓧之

丈人○

前路平平敘起○非平也○不平無以見奇○如一望平原○忽見林壑○

乃令觀者驚喜○畢[illegible]致

子路從

江

子路從而　全　　李蟠

不相遇而適相遇者，相遇而終不相遇也，夫遇而止宿相遇也，反而不見，不相遇也，其事其言皆可歷歷記之。今夫日望一遇者聖賢也，終身不見者隱士也。遇非所遇，聖賢之窮也；見不可見，隱士之高也，可見則亦終于不遇而已矣。然隱士之言，反伸於當前，聖賢之論行於去後，其惓惓無已之心，不可不明于天下，而一二日之事，皆云易言乎不相遇而適相遇也。從而後也，追隨之偶耳，豈其冀有所遇哉？忽而相遇，姓氏不傳也，其人杖則以丈人名矣。然子路所見者丈人也，欲見者夫子也，因所見而詢所見，丈人何不以不見辭之而乃為不勤不分之說意者夫子之稱亦丈人所素聞而以此數語為指隱之言乎耘者耘而立者立丈人不知有子路子路知有丈人也止其行而見其子子路有意于丈人丈人亦有意于子路也夫大尊以禮而相酬以情丈人亦非盡絕人傲物寘情忘世之為矣借盤飧之供具家人之樂而令僕僕風塵者悄然而思所變計歟第當斯時名賢在廬慊然晉接通姓字否導款洽否各述所從來以相規勸否仍前之峻厲恪恭否是未可知未幾而東方明矣征人戒道而子路行矣曷為乎相遇而終不相遇也行以告也寤寐不忘耳豈不異其所見哉述而志焉稱謂未定也自子言而丈人始以隱者

子路從而　全（論語）　李蟠

名矣然不忍不見者聖人也不欲人見者隱士也見所見而不可見

子路何不以不見置之而乃為長幼君臣之論意者隱者之流為至

聖所欲引而以此數言代師命之傳乎潔者小而亂者大丈人欲之

子路不願丈人欲之也急于仕不敢緩于行君子知之子路猶欲大

矣知之也夫何不濟而事難已聖賢蓋非冒昧從事奔走道路者矣

固馳驅之故明天地之經今閒閒南畝者皤然而思所易圖歟弟

閒者還轅處者歸廬二子能述此數言否問日有往來者否

聞斯語而啞然笑否黯然而有所深思否是未可知然而踪跡判矣

轍環不知何地而荷蓧者又將在田矣兩者行事各不相侔不妨歷

論語

李狀元直稿

記之○以存行義之說于天下後世也○

兩邊情事說得極瀟麗極活現以敘次行其議論又能於閒處着

一篇昌黎得意文字

子路從

[子路從而後] 遇丈人以 以告（論語） 李冠國

遇丈人以 以告

山東宗師歲試 蒲河縣學三名 李冠國

有所遇于途者，明日之告必詳焉。夫荷蓧之丈人，二語頗道之，所未必識之也。明日之告，豈容已哉？且吾黨得聖人為師，凡有所信，何事不樂以相證哉！矧夫所值者，不惟彼與人異其蹤，且彼與彼別其致，則亦何能過而忘之，不忍白于聖人前也。如子路從遊相失在後，斯時也，悵吾師之不見，望聞行而與之，多得有人焉謂致告而併之，式處其行哉。乃怨有自田間來若，陰與相遇。子路曰：幸哉！是必知我夫子者。爰是急行而前，倩口而問，甚欲其棄夫子豈顧其人，則有可異者。第見其責子路矣，拒子路矣，初未嘗以夫

論語

子行也從其後則又後子路矣雖子路矣轉若悔其不以夫子告
也異哉子路之所遇若此得毋有欲質諸夫子而終夜不寐者乎
無何而明日矣謝丈人就周道及見夫子也夫子烏能不詢前日
之遇為何若哉子路亦烏能不白昨日之遇為何若哉蓋迴憶其
間夫子時而荷蓧之丈人責以不勤不分遂植杖而芸者容色猶
在前也迨溯其拱立後而荷蓧之丈人待以止宿雞黍因見其二
子者情事猶堪述也于是一一告諸夫子曰由之所遇若此迨抽
為隱者不予與丈人不遇猶遇矣獨惜其所遇者終不可見也

蓋古者蕭條燈時者重策此殆似為歷年間好手宮容度
評

盡消納告字内。一粒粟中藏世界。文法妙通于佛法。陳耀南

扼遞與告為脈目。雲行水流。意緒條暢清緊。中間繁處虛寔互用。便覺燦然一新。侯邦彥

子路從而後　全章

乾隆丁巳　吳　熙

得一可與言之隱士。而隱士仍不樂習也。夫丈人既責子路、而又止子路、似尚可與言者、而無如其終不樂聞也、其斷為隱者與、昔夫子周流列國。所遇隱者、類皆蕭然世外（高。潔）簡棄一切。欲進之于聖賢之道而無由。此。而吾竊有異于丈人。夫丈人果何如人哉。當時子路從夫子而後。遇其人、再至其家。觀其語默動靜之間。若偶若蓀若逸若振藏蹤。以聖賢之道自居。而其迹終淪于隱士之列。何則。聖賢之道。隨遇而安。因物以付。倘使丈人者。心在廟堂。身在畎畝。則躬耕樂道。入則教子。出則禮賓。不可謂非隨遇而安

論語

者述其遇子路也見人之迷則覺之見人之敬則禮之見人之終不悟也則又拒之亦若有因物以付者丈人曰吾亦循行聖賢之道也而夫子則曰隱者也此蓋不待反見而已知之矣耕則是而不耕則非所謂隨遇而安者也有以處子路而無以處天下非所謂因物以付者也夫不規于天下之大而惟狗夫一身之私雖朋友之情業家之樂誌然秩然實與亂倫者等今夫君猶父也原循予也不得於君則棄君而去矣不得于父其可背父而逃耶若曰知其無益而不為脱令變在家庭遂知斷挽將遂畢然而已耶幸而欲潔其身者止一丈人耳脱令人人潔身君臣之義蕩然矣

尚得謂之然曰聖賢之道也哉（第一峰結穴）然而丈人終不樂聞也然而夫子早知其人也故不待反見而即斷之曰隱者也（第二峰結穴）然吾有惜焉彼其止子路進雞黍見二子與當世所稱隱者大不相類使得聞子路之言未審何說以處此惜乎室邇人遐而丈人遂以終隱也

立論則石破天驚布陣則連環鈎鎖洵是奇觀　原評

神骨色澤與古為化　唐蔚庭

隱士中惟丈人身分最高文極意描寫立言有體筆墨蹤承頗得韓柳之神　周鼎銘識

描□一緊 語不浪多

子路從而後遇丈人以杖荷蓧子路問曰子見夫子乎 甲午科 貢卷

林鍾岷

不見聖者追於見隨所遇而欲得所從焉夫子路之後於聖其不見而追於見者可知遇丈人而卽問非欲得所從於荷蓧者哉且吾黨趨步聖人其不容一日不見也久矣而當夫忽焉相失則以相期者自不禁急以致詢蓋濶別無端方悵追踪莫及而適偶爾或與芳訊可通雖曰素非謀面乎而需之殷者初不計其過之疎也春秋有夫子固無日不荷斯　斯民之責而欲與天下目見者也乃[illegible]與子宗　曠野[illegible]　[illegible]今而依歸有素群英恒切

從遊顧二　子路從之而後

每嗟利見之無期乃不意落落孤蹤竟以離群之感也則異地而有遐心而瞻望吾師願言覿止無方動左右之文而前後從人歎遇人之不淑乃不意遥遥道範更增以岐路之悲也則此誰爲知已而徘徊中道難訪行踪然則斯時子路意中固惟有夫子也乃於追不及待之時正不乏倏爾相遭之雅蓋有一人焉其年高其托業也又微嗟彼何人斯則丈人而以杖荷蓧者也子路遇之其能已於問哉人情於素所景佩之人不能睽離於片刻一旦靡所適從遂不覺悉露其倉皇急遽之形而般然以

樹義精當夾縫出之驗之交

蕩滌平道步步引人入勝

圓湛

而人情於夫所依歸之際方苦諮訪之無從一旦欣於所遇亦覺相忘於戴笠荷蓧之輩而率爾以陳詞子見夫子之問子路亦諒亦不相識者矣前蹤未必遽迢驟策遄征豈難爲後塵之步兹何以師範偶遺而咨詢之切乎以夫子莊莊前路撰杖何人而雲樹蒼涼諒必後顧焉而心滋戚者問焉而急以相追當亦雞冠劒佩其景行固已有素也率逍吾之有人能不一言而野老自安力作中田覿面豈漫爲握手之歡兹何以萍蹤偶停詢訪之殷乎以丈人閑閑十畝閲世深而絡繹輪蹄諒必熟睹之而心焉數者問焉而未必[illegible]下當亦憶道貌德容其氣象

鄉試硃卷　乾隆甲午科

不倖也夫後人於此境尚然之可追奈何後者已後而目終未見也迨丈人以勤四體分五穀絀學路而子路遂隱識其人矣

大主考劉老夫子批
澄懷如月吹氣若蘭領滿抑置副車深爲悵悒

大主考戴老夫子批
清發濯濯秀骨珊珊空山無人水流花放文境似之因本房佳卷屢次多蒙列乙榜西科轉瞬宜其拔幟而登矣

本房周老夫子批　氣度春容風神諧暢

子路從而後遇丈人

鄖子監陽大司成録科一名 金觀光○○○

賢者之蹤乎後也、意外之遇足誌矣、夫子路之所從者夫子、而所遇乃在丈人也、則其蹤乎在後之時、不誠有出於意外者哉、昔聖門有子路奉吾子為依歸久矣相從之雅即吾道中相遇之隆矣（直起老筆）孰意寰宇周流所從不過野田邂逅所遇非從此其不厭違而適相違不期值而適相值未始非巧于位置有心人之一境也夫子（落筆大方）路之從遊也不甚顧遇合之有期哉而馬一車困頓尼山之老所（點丈人）望昌期在邇巢由絕跡于山林豈惟是師若弟旅況共嘗長沙風塵之路對過都越國悲懷吾與之徒每思大道可行皐夔並起于隴畔豈惟是師若弟侯邦共歷倖免咫尺之違顏乃何以遇合之期難卜而追隨之跡且睽從遊之子路而竟瞠乎其後哉當是時予懷渺渺蓋形郊野荒凉獨行踽踽彌見征程寂寞逐窮人遠恐去轍之難追心急足違冀尋蹤之可及不意雲水蒼茫莫覿長者而形容古雅突有老農噫異矣何不遇夫子而乃遇丈人也夫丈人胡為乎來哉世之盛也養國老於上庠養庶老於下庠遂企大同之化恍見夫康衢之叟擊壤興歌其嬉遊以樂餘年者為何如也此子路于將前且卻之頃所一遇而情難自已者也乃世之衰也引年之典云亡尚齒之文不再深慨置身何所畧等於絳縣之

（文有賊心）

（二比崇論宏議小中見大）

（收入首句中用法極老）

人泥塗是辱其廢棄以消慕景者何至是也此子路于獨立無聊之下所一遇而神為之傷者也其在丈人也謀以面未必謀以心（寫出兩人心事各）（不相佯）意在南山之南亦意在北山之北世外人豈善周旋將遇所遇者（注下孰為夫子二答）竟等於不遇未可知也衣冠劍佩之子遑從何來遷集於此其從也不解其從其後也孰計其後此遇殊漠不相關而在子路也接以貌遂若接以神相逢於無相逢亦相與於無相與失路人自多（注下子見夫子二問）恍惚有迫欲遇者輒欣於所遇大抵然也夕陽古道之間遙望伊人貿然至止其來也不自我後其去也不自我先此遇恍為之作合噫丈人果何如人乎則見其以杖荷蓧也殆農家者流歟

敘述中神光遠注。俯視一切。籠罩萬千。金利王

閱會夫子周流心事。直搖動末節之神。意境闊拓。位置安閒。恰

好還他是全章緣起。張點溪

〇〇子路從而　荷蓧

江蘇學宗師歲入周瑑
震澤縣學一名

諸賢者之失所從、而偏為無心之遇焉、夫從而在後、則自有欲還者在矣、乃適得荷蓧之丈人、亦何容心哉、且昔吾子周流天下、一一從遊之士、追隨恐後、亦惟依依不舍已耳、不謂道途所阻、相失者在師事之人、而儼然所經相遭者在負擔之侶、于此嘆吾黨多豈有心之遇偏遇、無心之遇偏值也、若子路之從夫子行也、久與夫綰一世之重任、未遑息其仔肩、而陪杖履以周旋、嘗從遊夫蹤跡、乃自一東而西以來、用吾無期、闕小伊阻、過亦窮矣、顧向者道途之後、猶然陪吾相隨、而石門之役、小幸棲息有地、不謂一日

者因前途之遠淺納函丈之儀節當從而後焉斯特也子路有
不急欲遇夫子哉一悵當路之蹤跡而追尋爰及則倉皇欲進正誰
忘所昔所依賴無吾躬之響蠍而孤子無儔則翹企方殷而後計
遙途於澤水乃手盼行急欲遇者而竟不得遇也遙之道範恍隔
雲山落落高蹤忽來隴畔遠騰焉而知其為已高也近即焉而然
為農家者流也彼何人斯蓋以耕稼蔭之丈人也噫異矣斯世斯
民之責仕術良難焉能忍而為此以耕讀逃之態乃以丈人躬伺鋤
悲未嘗留心於時事則此際之卒歌遯逸者一自形其急流一自
嘗其安問其志趣迥不謀矣吾君吾相之憂頁衛吁小訊易想而

為傲游扶林之思乃以丈人罷肩擔蓧蓋得自放於田間則爾時之無端覿面者此也心疾足蹇彼此神恬形遼其舉止亦殊不類然則子路於此又焉識丈人為何如人哉蓋在丈人托跡休泉雞黍饔飧之際只向阡陌以徜徉則祇從閒游乎安知失路之何為而在子路彷徨村落期取道之匪遙慮深緣其莫猜則逢杖蓧老農聊後孤蹤之暫駐嗟乎前車既杳莽悲行李無依良聘方睽偏值琁衕有侶此子路與丈人參為無心之遇哉從觀相責數言殷勤止宿然後知此遇非偶然也

一是通章緣起須關照得若隱若離能手只就題布置或紛作所

古。蹤與神致。逢吳朱兼展

雨晴山潑翠。溪淨水拖藍。佳境促酬。以人尋玩　何汝霖

子路從而　行矣

海寧　查雲標

可遇而不可見其人乃真隱矣夫一丈人耳始以無心遇而終不能以有意求隱者固非常人哉且春秋時天下多隱者矣隱也者隱其名也亦隱其身也夫身誠隱則其人宜絕遠人間矣然或者適相值而一一如其素相知則似非隱者也身誠不隱則其人宜索之即是矣然或者殷然近而卒至於渺然遠則又似隱者也隱不隱俱未易以定其人君子曰此正深於隱者今天下之不顧為隱者幾人其自托於隱者又幾人既已隱矣耘耔穮蔉之間殊勞勞矣然而隱者有隱者之苦隱者又自有隱者之樂苦則胼胝之中無餘閒樂則作息之

餘多真趣也山巔水涯之際長落落矣然而隱者有隱者之情隱者又自有隱者之性情或與人世通性則終不與人世近也如子路所遇之荷篠丈人非其倫耶丈人者何隱者也而遇之者不知也方子路之從後而問夫子也諷之訊之一似岸然不顧者既而因子路之拱立而止宿也雞黍言歡二子侍側又似藹乎可接者驟覌之其人殆力耕隴畝者也是農家業也子路亦敬之而已不聞出一言以抗之未定其人故不敢抗也徐親之其人亦似有心斯世者也有同調意也子路亦安之而已不聞出一言以勸之未定其人故不敢勸也而[illegible]悠者也隱者之狀必僕隱者之辭必倨隱者之志僻故

藏

然之情親或感而可通不識邂逅相遇若肯無金玉爾音吾乎乃使反見之而丈人已行矣此丈人之所以終于隱也嗟乎彼子路者于風塵憔悴之中忽焉而為迷途之過客忽焉而為不速之嘉賓忽焉而為尋蹤之舊識在子路可謂勞矣然恐非子路將令丈人湮沒不傳也彼丈人者于桑麻田舍之下無端而其氣甚傲無端而其禮甚恭無端而其跡甚渺在丈人亦可謂奇矣然盡如丈人不幾令大義坐廢于當世哉

原批 提隱若作骨忽順忽逆忽搖揭忽挨敘筆境迷離不能尋其徑術

子路從而後　子焉　馬受曾

後聖人者遇異人斯始未可詳而誌也夫從後而遇一丈人何足異
異乎其忽而遇忽而恭子路幾爲所顛倒而莫之能測也昔者子路
從夫子游朝夕與共未嘗少離一旦從乎其後當是時夫子無由見
而日又將夕子路意中思得一見夫子者而相與引也而適遇以杖
荷篠之丈人遂問曰子見夫子乎情甚迫辭甚戚倉猝之間無暇別
丈人脩揖矣維丈人以農事來驟聞其言駭之甚未及釋所荷責之
曰異哉吾今視爾墮乃力廢乃業皇皇焉日私一夫子而從之危可
怪矣傾復欲張余勤四體分五穀與爾夫子漠不相識之人一旦作

本篇小題一覽錄　論

前途之知己耶言訖植杖而芸不復傾了是子路察其貌味其言異
其人默自悔向者卒然之問之不及自檢也肅然拱立待以丈人禮
丈人徐見之亦復殷然動也以為若而人余責之深矣是未可終絕
者爾乃共事以杖荷篠邀子路俱往至其家華門遂戶甚可樂也
之命二子雞黍以進彬彬然脩相見禮甚謹甚可愛也皆從後者
之所不求[illegible]也子路于是始遇丈人矣　頭眉句妙
酒[illegible]乎挺然而止其間埋伏照應錯綜變化直造古文神境處
漢爾盡公也

子路從而後　行矣（論語）　夏澍

子路從而後　行矣　夏澍

隱士以遇者傳皆其不復遇也夫遇之有可接而見之不可復異哉丈人隱者固如是耶春秋多隱君子大抵與聖賢相左也乃有其情意若蹤若親其行蹤倏近倏遠令人不可揣度者莫如丈人一日者子路從遊睽乎在後斯時也獨行踽踽道途中偶遇何人遇而問而答者何語交接何似棲宿何家供饌何具從容而胥謁者更有何人吾不得而知也及觀其行告夫子乃知有以杖荷蓧從前途行而遇者所遇蓋一丈人也問以夫子情孔迫也答以不勤不分孰為夫子悄乎其言也已而杖者自芸趨者側立一揖一恭各行其意也久

之猶治西容就宿荷蓧館歸如舊相識也晚而進饌雞黍是陳好有（妙 帶好）

加也纖命安于坐而揖客則兄先弟後彬彬有度猶修士相見之禮

之於是夫子聞而嘆曰悲夫此當世之隱君子也予既遇之復為我

往見之其肯從我遊乎則將以偕來惟時子路重尋故道再至其家（以少明應前文作波瀾）

試觀今之日所遇何人問答何語尚有與之交接否因而止宿否歟

具同不足論而晨夕之從容晉謁者尚有人在否也噫嘻去矣丈人

行矣其斯為隱者乎獨不堪使子路回首作遇時也且何以慰我夫

子也

尋出徐以告句作線索前後只數筆運抒使前輩見之必拊掌曰

解。○一行觀書每善求其間在鄴下所著四書講章已印行余竊與無姤論其當在王觀濤翼註之右或云此作布置亦從陳大樽楚狂接輿文隅反而得是不惟不知二沂乃自發其一生根柢不小時文外也　屺瞻

子路從　夏

遇丈人以杖荷蓧

江蘇張宗師歲入　夏育萬
金山三名

不期遇而遇者紀其物而人已異矣夫子路所欲遇者夫子耳豈意荷蓧而來者竟有文人也其殆農家者流耶昔夫子抱老安少（遙ゝ映合）懷之願而不逢明良際合之期幾欲息肩於几杖矣然明王不作而歷聘猶殷一時從遊之士寂寞馳驅遭逢多異倉卒之所見其人其物皆足係思也（大雅）如子路之從夫子而後也斯時所急欲遇者（一筆筆超）伊何人耶旅况以已多艱猶幸師弟追隨稍慰窮途之戚素心既（題前襯托點清生姿）已莫遂何堪異鄉跋涉莫尋長者之踪則亟欲得遇我夫子乎不（直從ゝ而後抑情遞下頓跌極細）意疾行而前倏有所遇乎其杖則有所荷也所荷維何則蓧也非

隻動畫關下二也

喜夫子固皤然一丈人也夫丈人胡為乎來哉世之大同也不獨

就不驗關縮道章來又人所同好從旁情行合從不祀寧

親其親不獨子其子而引年之典素著於閭閻蓋非徒令其之分

常昭於堂陛矣茲何為不安室處之常而反切負戴之勞乎使夫

予得時而駕也方將盡天下之老者而予以耕田鑿井之休而寧

其躬親夫田疇也當亦子路之所為一過而情戚者也世之既降

閒合長幼君臣并不可廢如何廢

也人各私其力人各犯其尊而尚齒之義以殊務國閭盖循之天

濟起

澤之衰不明於朝右矣不覯其不辭東作之頻而反為田功之服

乎惟夫子而一籌莫展也故不得盡天下之老者而去其沾塗蓑

歟之若使人人扶杖以觀化也當又子路之所為一過而神傷者

東門泮而遇沮溺亦自汲汲於田原而此之攜杖而出者更從容

際舒觀丞家風問情與分

於隴畔也告予以春及不煩饁餉于家人有事於西疇且植杖而

亡說成一片隱者書

謂晴雨蓋即此際之不欲舍業以嬉依然自守其泄了附士之表

而豈同僕僕風塵之輩也則面相值而心不相謀者此一遇也擊

磬而遇荷蕢亦自有其負擔而此之荷蓧以從者更知稼穡之艱

難也問昔否之何書近取之而即是望千耦而舉趾惟攜杖以優

勸四體分五穀弄到脉倒然過乎有法

遊蓋即此時之不肯荒乃士功依然自循其俎隰徂畛之常而營

同執掌道途之客也則身相逢而意不相合者又此一遇也然而

語撥關

子路皆不暇計也惟追欲見師而急詢焉矣

只從本題雕畫。便意趣索然。籠罩通章。要會騰發。一望平蕪中。現此靈境。豈非奇特。原批

以杖荷蓧。便是一個隱者樣子。下勤四體。分五穀。正伏脈於此。長幼君臣。丈人所無心。亦本題所未及也。文偏從章末縣意舫寫本題。高懷瑰瑋。筆力直透數層。小品中第一奇觀。汪荊門

遇丈人以杖荷蓧

敷文 胡文照 繼明

遇非所遇，不得為遇者幸也。夫子路之心，迨欲見聖，本不樂遇乎丈人也，乃遇以荷蓧之丈人，其果有益于遇乎？故不得為遇者幸也。昔孔子有負荷斯世之心，而棲遲道路，遇合無期，斯時也，在子路亦應嘆有其器而莫之用耳。乃不謂瞠烏在後，躑躅田中，并不得遇吾夫子，而殆欲遇而不能遇者，有所遇而更非其人，則偶爾之遭逢，有可傳其人，并傳其器矣。知子路之從而後也，杖履何之？違復計禮，耕而學耨，躬途佇望，不免顧後而瞻前。子路于此處夕陽之欲下，觀征夫之停[illegible]，窺鳥倦而知還，嗟抑尊其尊語，得遇夫

（擊、起、冷、合）

劉硯谷三院會課

論語

子而其心始安矣不遇夫子而所遇如夫子者而其心稍慰矣即（如此○人○境○又○集○自○篤○實○有○體）
不必如夫子而如夫子之及門者而其心略慰矣蓋如夫子者雖
不必具天下一家中國一人之槩而性情相合亦可解徘徊道左
之思抑如夫子之及門者雖不必拘德行言語政事文學之科而
聲氣相孚亦足釋趑趄行邁之衆乃何所遇之爲丈人也夫丈人
年甚高也貌甚古也即而視之其所以者杖也徐而察之其所荷
者蓧也嗟丈人何來而竟與子路遇之乎想子路未遇之先子路
不知丈人猶丈人（畫○活）不知子路也而偶然相值亦可免窮途之寂寞
及其將遇之際丈人或無意子路而子路（時○見○子○傳）固幾得丈人也則猝爾

相逢又可解旅人之鄉獨想丈人簑笠而來或耘或耔方汲汲于
農田即遇子路而姓氏不傳不過為往來之客想子路倉皇而至（大○得辛○路）
（辛）如醉如疑悵踽踽而獨行即遇丈人而茫然失次何暇作邂逅之
歎念此地荒僻幽暇絕少行人而忽有黃髮台背者安知非天假
之緣也念此間古樹荒村何有過客而忽有迷途至止者夫固為
不期之會也噫方悵無人卒有萍蹤之合何甚急轍切望指示之
心孰意丈人且諄諄爲以不勤四體不分五穀有以責子路也故
曰遇非所遇不得為遇遇者幸也

清新俊逸出色當行

二刻西泠三院會課

遇丈人以杖荷蓧

歲入上高縣學一名 晏廸德

知所遇之人情乎所荷不同也蓋以世道爲荷者夫子也丈人原以杖荷蓧焉乎路遇之將何以爲情且五倫懷才抱德使得遇於當時以荷斯世之重任豈非其所甚願乃時與願左不獨躬無所騁即一從游之侶亦僕僕道途徒得與于田之野老相遭逢也亦甚可慨矣如予路之從夫子游也不既相失在後哉以景慕明良之師而追隨相失則悵悵無之此日之情懷倍切以志在東周之師而轍環偶離則怏怏難慰邊計道左之何人是子路之所追欲遇者惟夫子耳而奈何僅以遇丈人聞夫杖蓧雖亦優游而壯心

未遂不甘諫問桑麻者夫子之志也而蓧之丈人豈其志趣之無異哉扶杖而觀德化俾老安少懷得以欣洽獻畝者夫子之合念而蓧之丈人或者念處之相似而丈人果何如也芽見其曳杖而來將以為鎛之具光以為肩之任而十畝之間有閒閒泄泄之致抑其任荷而至前若無所軒後亦無所輕而仔肩之餘有融融洩洩之休蓋以杖荷蓧云雖然吾深有感於丈人矣深有感於丈人以杖荷蓧矣黃農虞夏風徽已遠滔滔者伐遍天下彼其荷蓧得毋年雖耄而念益切不忍觀江河之日下而姑托之於一蔑棄伊周經綸足義卓卓者尚待吾徒抑其荷蓧也當共力難

忘彌怨舟以拯斯世之淪設而姑許之於一蓧即一豈其愚

重任而先荷微物思荷艱鉅而先荷細事用負夫美人之復作

尺杖于鄉終不若杖于剷者之得以再奏尚父之烈耶粟爾則撥

之夫子志與之同矣即以子路遇之道與之合矣雖不見夫子而

未始不可向斯人而詢夫子矣而孰意其不然也噫

清映切實瀟洒出羣視他人之填砌者奚啻霄壤

遇丈人　晏

以杖荷蓧

明中尊科取列
同安第一名　莊光前　希連

即所荷而觀之器以人傳矣夫蓧之為器亦甚微矣丈人以杖荷之何與子路適相會耶且人苟為斯世有用之人則將杖策從王以為斯世荷重任原非可以田間老也乃幽貞成癖更無所持以表見而隴畔高寄之地偏若有托而逃焉則即此一器一物之適（生姿）（搖曳）遥覺天地間祗成一散人矣如子路所遇之丈人其何如乎業已（他作但黏遇字入篇則於題界不清惟此獨見手法）胼胝作苦則農家之業承之一身而如取如攜也艱鉅之責遑計乎仔肩祗自盡其目前之負擔而野老之風自古亦既畎畝棲遲（字字）則田夫之事托之在躬而可提可挈也匡濟之任無意乎靈承惟

是簞扶老以流憩而林閒之況皆真言有荷也荷之縱何不有蓧乎荷有以也以之縱何非以杖乎從來忘世之徒莫不舍重而就輕顧以斯世之皆靡也而以彼負荷其閒則將受以遺大之職膺以投艱之任僕僕者何時可息其肩乎與其重而承此扶衰起靡之力孰若輕而安於負饑戴笠之餘有其蓧在舉以托諸一杖之間而此外更復何業也青畦緑畝之中挾器而來亦聊以輕而非重者自樂其勝任之愉快而已矣從來遁跡之輩莫不舍勞而就逸顧此流俗之淪胥也而以彼荷承其際則將責以救世之務責以澤民之衆栖栖者何日可弛其擔乎與其勞而力諸一車兩馬

古雅不同俗響

以輕重勞逸命意恰稱

借題神理而筆力鬱結極沉著極遒快含蓄者不勝擊節

之間孰若逸而得諸是負是任之下有其杖在藉以肩此一蓧之
寄哉嫣然
徵而此中自有餘閒也度陌越阡之會扶筇而往亦聊以逸而忘
勞者寄傲此古處之衣冠而已矣賜几賜杖朝廷會有養年之典
使丈人而舍其所荷以別圖安在不可以杖履之衰年復壯廟廊
朗翔審興唱嘆情深是雪陵子衛意之文
之色而丈人不願也但以一杖斷風塵之劬勞即以一蓧收烟霞
之餘潤筋力雖衰尚堪一荷則當其西疇延竚且將與桑畝而俱
閑秩朝杖鄉國家特重養老之文使丈人而本其所荷以有為尚
望以杖履之餘力藉展挾持之具而丈人不願也但以一杖伴野
文亦有瀟洒出塵之致
叟之蓑笠即以一蓧傲征夫之憔悴瀟洒出塵自在一荷則觀此

竹器幽閒且將與蓧由而俱永是以所荷無多而一杖嬉遊俱載
田家之傲岸器以人傳人還以器傳也所荷實細而半蓧落寞別（淡折）
成象石之偃仰器以人異人還以器異也在夫人擔荷所及不求
人世之知在子路遭際所逢實屬萍蹤之巧於是遇而以夫子問
矣

情思湧發興會淋漓而藝亮敵無瑕可擊此正覆卷中之第一
佳搆也得不為此生掛一赤幟　原評

子路從而　者也　　郭嗣齡

後聖人而得隱士、聖人深識其人焉、蓋使子路不復夫子、亦不知宇宙間乃有如丈人其人者、而孰知夫子固早知其為隱士哉、且春秋時多高人逸士、彼惟不與人世、之一遇之而覺其洒然異矣、然其異也、惟賢人能領之、惟聖人心知之、知之而知其本無異也、昔孔子歷聘諸邦、大抵子路之從游居多、雖曰時不可為、而不能（即知）（隱者）隱也、且不欲天下之隱者終于隱也、一日者子路從而後不見夫（轉從矣予說予路復做）子、而夫子且悵望吾徒、蓋不知子路今日所之何、所避何人、所（出子路昨日事來）問何語、所止何家、今夕何夕乎、然獨處比及明日而見夫子、則曰由

壬辰科小題文選　論語

也其來乎已而果來進而叩其故而子路歷歷告之曰日者由不

作法新妙　張ㄟ敘述

但於以告中點出

見夫子傍徨道左惟夫子之欲見而適遇一人焉于最高杖者所

從上題來句中有前有後

荷即不視之蓋蓧也由初不知其為何如人也及由以夫子問而

纂撰妙

後執乃杖釋乃蓧熟視由也而有言焉曰孰為而夫子者而耕鑿

不事也而菽麥不辨也而僕僕於夫子之後壓即吾勤四體者也

妙

分五穀者也子去矣無溷長者為遂植杖而芸由亦不知其為何

文勢隱字

如人也但見其年則高矣言且異矣不敢以農家者流目之由於

其旁拱立惟謹而之人也則前倨而後恭焉曰日之夕矣子將焉

妙

往[illegible]敝廬僅蔽風雨去此不遠願辱吾子于是仍以杖荷蓧而

子路從而　者也（論語）　郭嗣齡

歸的與偕行爰止之宿亡可而殺雞為黍進而食之儀無多也而情自篤言無華也而意自遠噫異矣且復命二子出而揖客蓋彬彬乎有禮也然自與之邈而與之言而止之宿而別而行而至于

緩于路口中小作狀束還出隱者句有筆法

令雨終不知其為何如人也而子則以隱者也以杖荷蓧隱者蘇

人從隱者句大作

也植杖而芸隱者業也四體之勤五穀之分識以隱耳雞黍之食二子之見示以隱耳噫異矣然明其為隱者而知宇宙間本有此人述無異也特吾終不能忘情於其人惜止宿之夜未嘗以君子之道告之爾盍再往

將全題攝入子路行以告一句中即從子路口中點次全題理

伏隱字之案而講隱者句。即收拾全題。大是怪事。而文復錯落入古。

作法超異而點次歷落處。得古文記叙之神。此種文當別置一台

姕持之。

遇丈人以杖荷蓧　張敦履

託于農以自老賢者之遇亦奇矣夫所欲遇者何人乃竟有荷蓧之丈人介其前乎子路其何以處此且吾黨莫不有所以以為匡時之具惜乎不遇用我之人也乃若中道徬徨方失從游之樂而田間覯止忽來邂逅之人豈其臭味之無差池歟何一時之巧相值也如子路之從而後也斯時非急欲遇其所從哉使于此果遇其所從焉則攬轡而志澄清師弟相依殊堪慰也雖跋涉靡寧終得遂其乘時之願使于此來即遇其所從而猶遇同所從者焉則慷慨以商台略友朋相顧亦可欣也雖栖皇不已猶得同為致主

之人乃當日之所遇何如者望其容儀非有衣冠之甚古而瞻黃髮之皤然不乏幽人之致觀其舉動無煩童稺之相扶而戴一筐以至止依然野老之風不見有以杖而荷蓧者乎斯何人乎不傳其姓氏但以為遇丈人云荷大任而不辭者聖賢之素志也丈人而果如斯吾為子路幸矣茫茫失意之時而倉皇覿面亦若不以畎畝寬閒謝一時仔肩之責彼華野渭濱之間曷嘗須臾肯忘天下幾荷蓧特其寄焉者也攜一杖以逍遙者田野之閒情也丈人而僅如斯吾又為子路惜矣勞勞奔走之際而率爾相遭亦若竟以杖履優游傲憔悴風塵之客彼普天率土之內豈有餘地供人

觀筆　籠起

丈人　籠起荷

蓧

從荷字生情閒拓得義是賓

縮定遇字

從杖字生情對針遠者是主

互射起從之義二句

偃仰哉荷蓧何乃得自由也是蓋非丈人之遇子路而實子路之遇丈人遥而望之相逢不相識也祇見烟含藜杖不殊匿迹于晨門抑子路既已遇丈人而丈人亦不得不遇子路即而近之相對各相訝也第覺風動懿筐無異過門之荷蕢乃問以夫子而不答使之反見而已行則丈人終其身于荷蓧之中而已其亦虛此一遇哉

描寫遇字如畫

結醒中間主意

此係發端語只就本位點綴有何出色立身題外使通章大意一齊籠起核俗奚啻千尋　曹揩珊

前後只寫遇字之面中二比凌空起議直寫遇字之神絕不粘帶荷蓧、最為高雅　曹丙融

子路從而後　四節

彭澤令

志賢者之所遇、其人可親而不可狎也、夫以子路之卒然則拒之者其詞峻、以子路之肅然則接之者其禮恭、丈人亦世情中人也、而卒甘心以自晦、惜哉、蓋夫子之世多賢而隱者、其志趣超富貴功名之外、其踪跡介即離遠近之間、日者子路從而後、皇如也、遇丈人徃耘於田、有杖荷篠、因問以夫子、人情乎、夫荷丈人而誠不知我夫子也者、則徑曰孰為夫子、拒之可耳、乃以途次之頃責之不一詞焉、彼蓋見此韋帶負劍日晡獨行者、其意氣甚盛、不可使謂此間無人也、言畢植其杖而芸、不復顧子路之踟躕何似也、因

似拙似累而○老

兩比中字筋搖脈動

義國制義 論語

之子路拱而立。翼如也。止子路來宿於家。特殺具餐。且見以二子。亦人情乎夫苟丈人而誠有意於子路也者則覆舉其所謂四體（前渾）不勤五穀不分申之可耳乃以竟夕之永置之不更及一詞焉彼（拈六補寫無想處自文字）蓋見此從遊歷聘倉黃失次者其衷情甚熱不可使知此間有人也明日行以告夫子不復識丈人之位置何等也子曰隱者也審（恰落）其意言何落落也其於人世殆將矯然而去之也詳其禮際何油油也其於人世終漠漠然而遺之也使子路反見之蓋聖人易世之志共濟之思即道路不忽若此夫何至者方至殊殷然也行者（以對非對脫）已行殊寂然也其始若遠焉而仍近也其戀欲即焉而終離也哉（盡盱衡）

光則哲鴻飛冥冥嗣是塵寰中遂不復遇丈人矣雖然君臣之義（落葉滿空山）（妙結）
究何所逃此子路卒從孔子也

此數節題自萬曆中年後描繪腥濃韓歐記儲王詩都被唾點
矣不圖今日復聞此雅音　王己山先生

剪截變化逼真荊川擅場嚴潔亦似之却與荊川此題文無一
筆相犯　徐被廣

間間佈置中只筆端略一點撥自具烟雲變滅林巒穿漏之奇
此化工非畫工也　吉穀陽

工夫細甚渾然不露工夫先民神境　涇陽

遇丈人以　行矣

四川古宗師科試新津一名　馮一鳳

相遇奇而相見疎、志隱也、夫不必遇而遇、奇矣、可以見而行、柳何疎乎、丈人始終一隱者、子路雖遇如未遇云、且天下事之未可忽者、每以無心而得之意外、而人之若可挽者、又恒以有心而失之意中、招者急為招、隱者固為隱、彼此之心、何相左也、如子路行而後、斯時也、徘徊道左、夕陽在山、意中惟有夫子、目中惟願見夫子、乃不相期而邂相遇者、遂相傳有遇丈人一事、噫、異矣、此一遇也、殆邂丈人行乎、何也、丈人固隱者也、隱者必鄙人、必傲人、鄙[illegible]必終至于絕人、此隱者之大凡也、是殆不必問而子路曰否〻田

（旁批：簡〻縮定　神致儁逸　緊落　風流頓[illegible]　撿定好　全裝俱到　反逸勁絕）

問人猶有古風或可與語也且既遇矣何必不問于是趨而問夫

簡古

子不虞丈人倨甚責以情力怪其從游不虞子路恭甚不將

点次古落

野若將有俟命乃止而宿人情也殺雞為黍客之也見其二子禮

各点

之也宿而明日明日而行行而告于夫子夫子曰隱者也隱則非

倒点亦各紀

田間人而老于田間不得已也故荷蓧以芸隱者業也勤体分穀

隱者事也設饌用禮隱者歡也至于反見則行隱者乃終于隱所

古情餘味　結得有章法

謂鄙人之甚傲人之深從而不返者也然則子路繼遇如不遇也

挈隱者一字為全題線索蕭疏淡遠有雲林畫意　原評

題字各有頓挫題句各有貫串題情各有描寫而無意而斷無

[子路從而後] 遇丈人以 行矣（論語） 馮一鳳

意流斯氣味醇古不減桃花源記

遇丈人　馮

遇丈人以　行矣　其二

鄒祖頊

始終異於所遇知隱而不知見者也夫丈人隱者遇子路可以不隱矣乃始遇終違其知隱而不知見者乎不然胡相左若是也且聖賢之與世遇也斯人吾與苟可以作知己之招必不欲輕置於度外而世之與吾黨遇也獨行其是雖有可為共事之人亦不妨顛倒於局中說在子路從夫子後而忽遇丈人夫丈人亦何幸而（轉筆便提）過子路乎廓草昧之耳目亦可以大覺世之資易肥遯之高風何（影射一筆妙絕）遷不知周流之士子路奉夫子以為依歸丈人亦因子路而概挑前業可也乃何以勤四體則知之分五穀則知之而至問以夫子

則竟不知其總也（接句大奇）且若弁不知有子路者而謂子路其能恝然已乎獨憶斯時夕陽在山人影亂矣古道蒼茫驅車休矣人孰無情寧猶狥征夫以前路而不望即次之如歸也哉拱而立焉子路若有大不得已於此者而丈人則已彬彬乎有禮一致詞曰日之夕矣（補）來何暮乎於我歸處於我歸息願與子饜信宿之什由是曳所植之杖（筆有情）強子路與往言言語語且行且却未幾而桑麻掩映茅茨不剪若隱若見者丈人室也佳殽野蔌惟然雜陳者丈人雞黍也（古雅之極令人）稗予迎賓揖讓恭遜者丈人之二子也丈人曰苟無忘先人業綢繆補葺得蔽風雨耳（如聞當年聲欬）苟以勤儉世其家得偕家人小子烹炮擊鮮

他志即此雞犬桑麻聊效不時之需而下榻以來其庶幾斗酒自
勞亦無黍田家風味也而由是歲時伏臘以奉蒸私家人婦子以
慚安堵其以視栖栖道路者較逸矣丈人其謂子路不宿於旅而
宿於家乎且懷民物之憂不得遂一人之志其情也而丈人又若
有異也治無心亂無心其本懷矣而偃接高賢而後優焉游焉以
大人心事更能淺入無間
為予斯際豈有同心不過邂逅遭逢稍慚勞人之縷而自慈以還
保無以驚世駭俗欲重為草茅勸駕也而由是高山流水以鳴其
得意輕世肆志以自任放達其徒為勞勞車轍也亦無謂矣丈人
其謂予終不行於朝而行於野乎此皆隱者之致也此皆丈人微

示之之意也嗟乎下無隱逸之士則草野無高人上無濟世之英
感不絕于予心沂流風而
則聖賢無學術獨計時勢亦孔棘矣而卒使賢人君子嘯傲山林
獨寫
悲天憫人空使有懷之莫白也伊誰之過哉

丈人子路一是招之偕隱一是招之偕行任揭一意皆能成篇
而此反拈出一勤字宿字行字點睛股法章法殊為細密而吐
詞復溫潤醇古　丘予鑑

握定隱者二字將全題一索貫串可謂獨探驪珠矣而步步看
出丈人接引深情尤稱隱士知己

還丈人

遇丈人以 行矣 其三

鄒祖頊

聖賢情深於隱士，而可遇者不可見矣。夫丈人固賢而隱者也，觀其始終去就之際而已大可異矣，此聖賢所以不能無情深云。（手筆自異）昔子路從夫子於遊，瞠然在後，爰有遇丈人一事，論者以為窮途莫逆，而抑知考其行藏，究其出處，情用於有意無意之間，跡介於可合可離之際，而知丈人之待子路以倨焉，接子路以禮焉，且示子路以高焉。（二語已盡全題）一方其忽遇夫丈人也，豈嘗有一丈人之見在其意中哉？而惟是瞻馬首之靡北，心搖搖如懸旌，（是急問時心事）斯時見一丈人，不啻見吾夫子，而詫意風塵物色，反致慨於本業之多疎也耶？即豪傑失意靡事不為然以參閒十載亦幽人之歲月則然就細務而忘遠圖習薄植而捐大業丈人而苟思及此當亦廢然返也顧乃執菜野而傲詩書寬何謂乎且吾夫子非無所勤特勤其所勤而非丈人之所謂勤吾夫子非無所分特分其所分而非丈人之所謂分也然而丈人倫若相識評也吾知其待子路以倨也抑方其拱焉而立也亦豈有一止宿之想存其意中哉而惟是悵客況之淒其少假悵乎何之斯時不見夫子猶幸見一丈人而寧謂田家作苦遂不足為窮途之知已也耶然情詞意氣絕不相侔安知輕世傲物非責山林之故態使然信宿而洽酒醴之奉周旋而修拜見之儀丈

人而苟有德色當亦渺然難合也顧欲相遇踈而相須殷誠難料耳且夫子路而三徵可致則齊宿君門而不必下野人之揖子路而鐘鼎可期則恪恭朝右而不必偃草野之身也然而丈人猶有古處風焉吾知其接子路以禮也且方其行焉以古也又豈必有一隱者之見在其意中哉而惟是念邂逅之遭逢貌何踈而情何厚斯時意中竊疑一丈人意中不敢定一丈人而孰知絕異聰明乃徒為高論之清風也耶縱孤介自持習與性成或者悔而思遷豈必終甘石隱一流鄙耳目而大其心思抱學問而懷其經濟丈人而苟有同心至此自當憬然悟也顧乃室則邇而人則遠又何

鄒蓮樹四書文　論語

留得不仕無義一節在

為乎且夫丈人而不敢隱逸自置則江湖而忻廊廟豈不知唐虞之世有樂夔丈人而不甘淪沒終身則泥塗而志風雲豈不知文武之時有旦奭也然而丈人已杳渺難問也吾知其示子路以高也春秋之隱者類多如是

三山並峙各有其妙圓嶠方壺去人未遠

遇丈人

遇丈人以　行矣　其四　鄒祖頊

隱士寓招隱之致、聖賢深接引之情焉、蓋丈人非招隱、胡戀戀而情若覩乎聖賢非接引、胡始遇而終必見乎、然而兩相值兩不相入也。且自至治遐而賢人隱、而山林終老之士遂至堅執而不可解。雖有聖賢不能強起而使之一出。君子觀於遇合之際、未嘗不

手意落、大方。

嘆忘世者之密、而濟世者之跡。如子路之遇丈人、有足異焉者。夫

下二比意起此。

子路之與丈人、其相謀者耶、抑相合者耶、而子路則以夫子問之矣。丈人曰、天無棄人、無棄業、舍子所長、用子所短、已矣焉知其他。夫子路豈勤四體者乎、抑豈分五穀者乎、而何絕人太甚也。不

[illegible]選村四書文　論語

相謀也不相合也丈人之待子路如斯而已矣而子路則拱而立也丈人曰風雨如晦雞鳴不已我有嘉賓殽核維旅聊效幽人之卜夜爾夫子路豈意其止宿乎抑豈意其為黍與二子之見乎而（反在子路意中点出）玆若有加禮焉者不相合也仍相謀也丈人之待子路如斯而已（曰字下得更奇）矣而子路則行以告而夫子使反見之也丈人曰縱子必來我寧不徃登高舒嘯臨流賦志得如是足已夫丈人豈知子路之至乎抑子路豈知丈人之行乎而胡相遇終踈也即相謀也不相合也丈人之待子路又如斯而已矣然則子路亦知丈人之心也哉巍巍者功赫赫者業安在非士君子所為而丈人則必惡而逃之也

（首節從義寫出）

車轍之勞孰與作息時命之適孰與稼穡往來之墟孰與丘壑寄其身於若存若沒之間使知運會雖降吾志不與之俱降時數雖遷吾身不與之俱遷而箕山潁水之傍必不可無一丈人之跡者此則丈人之高也抑泄泄者桑洋洋者泌寧必非隱君子所居而

（中節從義寫出）

丈人則尤矯而甚之者也安土之遂多於帝庭家食之味多於鼎烹婦子之樂多於臣鄰沒其名於或出或處之際一若緘者既衰聖賢必無扶衰之術治者既亂君相必無撥亂之才而黃農虞夏之朝終不能勸丈人之駕者此則丈人之適也雖然世不極則士不隱丈人亦不得已也哉

（如老吏斷獄）

（無限感慨）

論語

三比敘題。二比寫意。高着眼孔。議論仍不出題之端際。才大心細。可以目無全牛矣。謝公亟

前峙三峰。此作五股壁壘旌旗。為之一變。林劉中

信手拈來。無非神妙。水接天涯。霞連鴻尾。庶幾想見遠情。

逼文人

遇丈人以　行矣　其五

鄒祖頊

異其人倂異其事、聖賢所無如何也、夫曰丈人、異其人也、曰隱、曰止宿、曰行、異其事也、異之故詳誌之、其誌之奈何、以其隱也、遇者何、曰無因而至前也、謂丈人者何、曰高年而隱處者也、然則舍夫人無隱者乎、曰有、則此何以誌、曰異其隱也、異其遇而并學乎、（音節[illegible]合古）所隱也、異其學、殊所隱、而倂終於不可隱也、蓋聞名山大澤高人逸士出焉、丈人得毋類是乎、不則、憤時嫉世、而姑託於農圃以終身者歟、若然、則遇子路、丈人之幸也、使誠慨念當世、翻然易轍、行與子路攜手而登夫子之堂、則形可接而心亦可孚也、暫有處而

久亦可居也文人去而草野少一避世之人丈人出而吾黨多一
濟世之傑也若然則丈人之所見遇識幸矣若然則子路遇丈人
亦幸矣夫子亦幸子路之有是遇矣而丈人不然也何也以其所
遇子路不知有夫子也知勤四體而已矣知分五穀而已矣不知
夫子併若來遇子路也知植杖而芸已矣子路與丈人之相遇也
若是其淡泊視之格格不相入乎乃子路則異矣乃丈人則尤異
矣其此齋之視視遇之時情何殷也其食雞黍也視夫遇之始猶
何篤也其見二子也則遇之以天倫之樂使知一家之中有傾象
焉而無庸勞勞於車轍之微意乎雖然此特其行止猶在人意中

可曰一亦納入道學中

耳彼見夫高冠長佩縞帶儒服固已陰知其從夫子而來翁而特不欲於既遇之後一言談及驚田間之耳目動子路之慨也不然子路未行丈人何以不行子路一行丈人何以即行夫豈從反見之使子路之至而始知其可遇而然於不可遇也然則始何以可遇乎曰無因而至前也無心者也今何以必行乎曰惟恐其後遇也有心者也然則丈人何以無心爲有心乎曰形可接而心不可與也暫可處而久不可居也有一濟世之人而已覺其多去一避世之人而愈覺其少也是隱者之行也此丈人之所爲丈人也是其人與偕其事亦與也與之故偕隱之

一段緣法即〻離〻只一過字了却慧心人已自領取吾尤愛唯恐復過一語直欲點睛飛去　張非百

得意疾書機不停瞬所謂風利不得泊也　林劉中

野寂雲興禽繁山響是作者文心超曠處

過丈人

遇丈人以 行矣 其六

鄒祖頊

遇者僅謀一宿、行者終於隱矣。蓋子路與丈人、何相反也。遇之時、止宿情殷、見之時、行蹤靡定、鳴呼、異矣。且吾人出處與氣運相終始者也。春秋時、大道晦、髙士隱、而惟吾黨汲汲若未遑。即困頓風塵、未能見之行事、而終不忍自為一身家之計、則雖處猶出也。若夫隱其名、不能湙其迹、亦嘗出其身以與賢人君子相往來、而其卒亦終不可狎、則雖出猶處也。若子路之與丈人、其較著已。夫子路之從夫子遊也、以夫子之心為心者也。嗟乎、夫子之心、吾黨志之久矣。倘非甚不得已、肯以不甚榮辱之身、處道大莫容之日、與

（兩逸人并寫出）

諸弟子儀〻刻原幾不獲與一二隱君子通慇懃而接意氣哉
中道相失而子路之心其滋戚矣可遇而不克遇欲見而不獲見
子路之意中已無一丈人矣而孰謂丈人之意中已先無有夫子
也且吾夫子固天下之所習聞而震驚者也彼丈人寄跡於畎間
久度亦耳食其名心識其姓氏而特不能不竊識其行藏如荷蕢
沮溺之所為者一旦子路聞及何惑乎遽以夫子自謝而有不勤
（清此一段文氣擬按）
不分之誚也且吾聞之古聖人衣被萬民粒食萬方身不下堂而
常貽數世之安其所為有什伯於此者植杖而芸獨何為哉雖然
丈人蓋亦非荷篠者流也邈榮鶩利之子身名俱喪而丈人者的

不厭深林不厭密一切功名富貴不足入其懷來而棲身以當貴
飽食以當祿家庭笑語以自娛觀于止宿時雞黍見陳二子是謂
雖子路（筆情高遠）之貌則恭而丈人之風抑亦古矣宜夫子於此慨然有隱
者之慕也世運有何盛衰士君子誠不忍以隱淪老即使時事難
挽猶將出其身以與運會爭今古而況乎斯世猶可轉移者也時
勢不無治亂士君子（人于此皆作幽憂怨亂之音此獨有黃鍾大呂之響）誠不安以隱逸終即使共事無人猶必獨行
其志以與氣數衡終始而況乎今日已有同心者也如丈人者其
志芳其行潔其才足以有為而其術亦足以濟世（與波俱逝）夫子之使子路
反見意為此也而乃先幾避跡行止杳然迄今高山大澤間猶有

丈人出其中者乎為欷歔而嘆息之不忍去

規大意以立言故能於敘事題務出大議論點次歷落古致如不欲盡尤妙在入手以夫子之心句埋伏反見意結處照應一句能使通篇俱靈諸作中又别開窔奧矣　謝公垂

欲進丈人為知己乃夫子使子路反見至意文能痛快言之深為得旨　丘子鑑

風發泉湧機趣横生或有疑其砌下者敘事體固自無礙且來如此則文無正意寫來寫去止是田家止宿圖耳

遇丈人

遇丈人以 行矣 其七

鄒祖頊

隱士遇而後行，示以隱者之致也。夫子路不欲隱，而丈人則隱者也，惟其隱也，故其所遇皆有隱者致云。且天地之氣運不終塞，賢人之時數不終窮，而孤介者必相率而僻趨於闇晦之一途，則皆此數隱者甚之耳。何則？隱者之視世輕於吾黨，隱者之愛身重於吾黨。以不隱而遇隱者，則偶有其相合之况也；以隱者而遇不隱者，則終無為樂就之事也。子路之遇丈人，非隱者乎？迹其偶爾相遭，而有夫子之詢，責之以不勤不分，詞亦肆矣；植杖而芸，體亦倨矣。而止宿之時，雞黍可陳，二子可見，豈因子路之拱立而然乎？若

借丈人寫來，自成名言，的是承蜩弄丸之技。

預挑作主，不涉武許。

朝廷可避草野亦可避反見之夕又何以先子路而謀厥行也嗚呼斯其所以為隱者乎而吾謂一〻亦以隱者之致則何也一為天下之大不得計一身之私其理也而丈人若有異也一之日二之日其前此矣而孟春祈穀而後攸介攸止以為予先人無甚遠圖（步步風雅宜人）不過主伯亞旅共殫分內之謀而作息之暇亦得以別類課種不致等菽麥無辨也而由是父兄習是以為勞于弟率是以為謹其以視僕〻風塵者有間矣丈人其謂子路不勤於世而勤於身乎大斯世之謀不得為一家之計其常也而丈人若有異也寧爾幹寧爾止其無慮矣而倉庾萬億而後如坻如京以為予小民寧有

御無識渦耳君子謂子路於是獲知已雖異日邂逅相逢濯然遺

直走下文，情興以[illegible]發

故不忘歎洽可也而孰意繫維之思方切金玉之音繼式求丈人

於反見之日而已杳不可復識也然則丈人於此將遠籍顯□述

乎擲[?]藉以物色當代之豪傑乎超然遠引遺世獨立不復留姓氏

於人間乎天地之大古今之遠寧遂無可為之一會乎帝王之業

學士之獄終不可為而惟是桑間十畝優焉游焉謂可以觀世變

結語仍還他敘，勝[?]妙。

而聽升沉乎此隱者之所為終于隱也子路於是承夫子之命述

夫子之意見所見而來俾丈人得聞所聞而去

風韻蕭疎，逸徑清冷，令人憶山中與裴秀才書。

遇丈人以　行矣　其八

鄒祖頊

聖賢之遇隱士其道不同也夫始遇終行子路之於丈人異甚然而其道不同矣於丈人乎何尤且斯世之所以利賴而吾黨之可以大有為者道而已顧三代以上道需乎世而世即需乎道三代

以道字發議得大書勝而文氣亦復古勁

以下道需乎世而世不需乎道夫世不需乎道而道猶需乎世其人窮矣至世不需乎道而道即不需乎世其人隱矣若子路與丈

敘題處即為後文立根

人非乎夫子路之於丈人亦偶耳乃因遇而有問因植杖而拱立因隱者而反見志念深矣即丈人之於子路亦暫耳而因問而責以不勤不分因拱立而止宿為黍與二子見且因反見而至則已

行始終殊途而吾以為其道不同道不同者何二一則以夫子濟世為道者也事必相濟而後可以相成子路與丈人非有同心之好而猝然遇於山陬水涸之際斯已悲矣即其間邂逅言情夙非不古然而非其意也夫落落莽莽周遊亦幾遍矣而轍環之下有徵指馬以為此中或有異人當不惜驅車過之而況乎丈人已迴非

（磊落浩瀚有一往莫禦之勢）

尋常也雖明王不作數十年之利濟徒托空言然而時愈亂而心愈殷勢已極而志不衰幸同事之有人而殷勤撈引常有天下一

（的是聖賢濟世心事）

家四海一體而不敢自為朝夕之計蓋道在濟世此可以曲為世謀者皆所勿恤而吾身之困頓又其餘也斯亦大丈夫不得志乎

時者之所痛嘆耶一則以隱者避世為道者也人必相知而後可以相得丈人與子路非有平生之歡而遽等於談笑識評之客斯亦奇矣即其開晉接迎賓雅度雍然々而亦其偶也夫悠々斯世時事亦可知矣而山林之中有逸志焉以為此外容有高人吾不欲物色及之而況乎子路已托言悲憫也雖文武以降數十世之治亂豈無悼嘆然而譽於前孰若無毀於其後爵于朝孰若無累於其身惟蕭傲之自如而優游杖篠絕不計王化何終大治何始（的是隱者甘栖岩穴心事）而祇以謀一手足之烈蓋道在避世凡吾身稍為世營者俱所弗計而高賢之干預又何論也斯亦大丈夫不過知於時者之所廿

心跡兩人之不同如此雖然丈人亦太忍矣

清還題面復將子路丈人濟世避世劈作兩柱局闊思曲適異

尋常 黃惈然先生

文以氣勝自可騤崑崙而橫地軸。

遇丈人

[子路從而後]遇丈人以　行矣　其九（論語）　鄒祖頊

遇丈人以　行矣　其九

鄒祖頊

隱士遇而後行未知聖賢不隱之心也夫使丈人而知夫子之路之心則隱者而不隱矣觀於始終去就之殊聖賢寧不深致意哉嘗思夫有在朝者以理其政而後有在野者以安其身逸其家然不相及而相及也若夫以大聖人之姿不能遇獲於朝亦不能即安于野夫不能即安於野而又不欲使人之終安於野夫亦以心之所及無窮而不欲其隱淪以老也（撇遇字使能識清從而後句）蓋吾夫子知遇維艱不得已而托跡周遊其一時君知不隱相知不隱若有遇矣然而遠舘之顧無闢白駒之風已渺山林隴畝中有高士跡焉雖以我夫子兩

不滿人意而徃徙隱見其身偕傲其詞勸征車而招之隱者猶不勝屈雖然不若丈人甚不若子路之遇丈人甚矣丈人亦知子路也烏知夫子乎不知子路不欲隱也烏知夫子不欲隱乎蓋嘗觀於天道而知夫子之不欲隱也天道無終衰之運碩宣平以上遁已替于文武繻葛以還權愈微於東遷此亦實有主之而不得諉

俯仰興衰不出宣尼掌握無非欲破却一憾

為氣數之憾也明明以君所不任相所不舉數千百世之國計民

字行文磊落奇偉酷似正希天下之無道也篇

依隱托於一介之儒生則雖叔季而還三代晚近而追隆古或疑其迂疎而寡效而不暇計也夫子曰吾念此而不違啟處矣抑嘗觀於人事而知夫子之不能隱也人事亦有定傾之策顧營雜以

秉丕烈一盛於貧衰中興而後大業再見於共和此亦實有為之
而不必任為時命之遭也明〻以亂可為治危可為安數十百年（雖心傳之氣如潮如海）
之風俗人心潛寄於後學之韋布則雖痌瘝而懷東周之願徵賤
而發明王之感或疑其潤大而難為而亦無慮也夫子曰吾當此
而不恐寧居矣然則丈人不知夫子也寧知子路乎不知夫子不
欲隱也寧知子路不欲隱乎是故其過子路也若有意若無意初
非同調知心之人亦可近亦可疎無非絕人逃世之迹丈人隱者
矣由是知勤四體分五穀隱者業也植杖隱者器也止宿隱者居
也雖黍隱者食也二子見隱者之禮也迨至反見則行則亦無非

隱者風也嗟乎天地隱則氣運否聖賢隱則道德窮隱其名則倚望何人隱其身則補救何事彼丈人亦烏知夫子之路之心哉

炎炎大言遊神却在空際不欵一語侵占末節所以為佳後結以隱者清還全題幾於指揮如意天花落也　張非百

第心蘖以丈人始終甘於隱遯作主此題分內着也此篇以聖賢不甘隱遯作主此題對面着也引經據傳議論崇弘分道揚鑣各極其勝　林剛中

全從題中無字處領取神致發為議論不知者但以為筆陣凌空恣肆而已　危子長

遇丈人以　行矣　其十　　鄒祖頊

聖賢之遇窮以隱者之行速也夫子路不見夫子而併不復見丈人丈人不欲遇于路而終因子路而行聖賢之於隱士何如哉今夫聖賢者隱士之所不欲親也隱士者聖賢之所不欲棄也夫惟不欲棄故始雖無心而合者終必有心而謀夫惟不欲親故始雖有心而待者終必無心而避斯為聖賢與隱士而已矣當子路之遇夫丈人也目中惟見一丈人耳而意中又有一夫子夫子與丈人不相謀也而子路不能已也追征夫以前路所稅駕者何方望車轍之云遙所托跡者何地舉衣冠劍佩之士下究於山林隴畝

傳神處或在頰上三毫

之人問在丈人意在夫子也曰子見夫子乎丈人之承子路問也意中難定一夫子耳而目中又還一子路夫子與子路未可識也而丈人若有進也念力穡之有秋所竭勞者何事思黃茂之未登所區別者何為舉手足胼胝之業欲律夫詩書禮樂之儒諷在夫子責及子路也已四體不勤五穀不分孰為夫子植其杖而芸而謂子路其能懲々已乎遭逢亦邂逅之常而聆其言胡嚴以肅也覩其貌何莊以倨也其猶有長者風乎鄉々乎承之以謙牧之以退而如有降志相從之雅也子路拱而立而謂丈人其能漠々已乎謙恭亦學士之態而款洽異常若有加禮也雅度雍和奉繳高

妙絕　無一語不寫生

賢也豈徒為田家況乎彬彬乎文以相將禮以相接而如有藏術
笙簧之樂也止子路宿殺雞為黍而食之見其二子焉一於是子路（帆過湘轉）
告之旅而失子念之切也以為利祿之途可以羈縻而不可以
屈高人彼豈不知功名之可願而乘時而駕不若養晦而晦也歟
其才華一無所試由是烟霞泉石之間稱高士焉而人世悠悠之
數久不涉憂危於夢寐也則斯人之不幸也即斯人之可有為也
隱者也使子路反見之於是子路見之迫而丈人則去之速也以（下語俱如天造地設）
為時命之遭易以感慵流而即因以困豪傑吾豈故為矯異以鳴
高而因人而遺不若先幾而往也豈無榮名實獲我所庶幾杖筱

蕭閒之況有逸致焉。而吾生落落之交。敢復泛高賢之寵顧也。則丈人之高致也。亦子路之無如何也。蓋至則行矣。嗚呼。聖賢之於隱士何如哉。

意致相生如環。　黃惺然先生

安章頓斷極自然之妙。以上諸篇亦有練散為整者。然覺經營慘淡。終不若斯作之好以整好以暇也。　林剛中

裁對處天然。結束處斬然。承接處自然。

遇丈人

遇丈人以　行矣　其十一

鄒祖頊

人各有志無庸强也、夫子路與丈人、亦各行其志耳、或遇或行、其焉强乎、自夫人有入世者有出世者、出世者以世藏身、身外無世也、入世者以身善世、世外皆身也、然而兩相遇、兩不相舍矣、子路與丈人、得毋類是、自子路從夫子遊、以詩書為田疇、以禮義為嘉種、以力學逢年、為耕耨四海、雖大猶吾四體、勤之不得不勤也、分之不忍遽分也、吾黨自是知學業之不可廢、民物之不可捐、無庸茲農夫十畝閒拮据卒瘏、介稷黍而穀我士女乎、丈人之訊子路亦泣然、且子路之處此、匪朝伊夕、天授英奇、使之顛倒而嚮豪不

何等奇特○名雋

首截用議論借點視前作更合

為題妙

鄒蓮村四書文　論語

閒養士之報王公未聞側席之求拔剔時數困頓風塵亦既失所

矣丈人窺古心今識衰其窮而善其救又何俟假田間風物進窮

周反肇驕鷙止宿鄉要奇

遂而作隱士招乎迨至笑言方接去就無定雖則暱之其實背之

雖則厚之其實違之丈人之行止又豈子路所及料哉嗟乎四體

倒捲銀河天花紛墜

之勤勞不改五穀之辨類猶遵植杖之耘容可殺止宿之情誼何

豈雞黍之餘澤來游二子之雅度如恭乃流水高山徒徵羲皇之

發物是人非難尋隱逸之蹤設有招之者曰咄咄高賢奉教多矣

矣矣下里行安之焉丈人曰唯唯否否吾何求乎聞達聊且追乎荷蕢沮溺之高風

文崎在高山流水之間。末段用駢體作結尤佳。黄惺然先生

風致高騫。筆情蒼古。此文别闢洞天矣。林劉中

超超塵壒之表。十一作有正有奇。有分有合。有散有整。或雄渾恣肆。或秀麗芊緜。或幽芬絶世。如瑶艸琪花。或亭亭千尺。若蒼松翠柏。高山大澤。自成勝景。一丘一壑。亦具風流。非由胷貫百家。安能筆走烟雲。變幻不窮至此

過丈人

子路從而　二句（論語）

葉森桂

子路從而　二句

夫所從而得所遇遂其名而傳其器焉夫子路之在後偶也大人之荷蓧常耳而不意其遂相遇也是可以觀子路與丈人今夫同志者有時而暫離異趨者無端而忽合道途之緣邂有定乎歧里

〇去〇之〇遇〇來〇閒〇合〇息〇叢

前路以亭際方悵追隨作夫而哥問情於操作忽焉擔來前一時情事雖若兩不相關要可連而相及也我夫子以天下爲荷任也久矣栖皇不已及門多從之者而子路尤所往必偕焉奈何欲渡無由偏值耦耕之沮溺征車暫息又進大隱之晨門所遇焉人

〇隱〇射〇下〇遠

奇士不皆真味者沈者邪乃一日者又以從而後特聞想其時知

摹情寫景宛如摩詰詩中有畫

已寥寥望郊原而躑躅躑躅徘徊躑躅，對景色而遠其思舒流賦誰悲 紛總

失路荒烟蔓草，莫訴鵑愁，所相須殷而迫欲遇者，意中固自有人

點下見夫子一問

在也，遑計其他哉。獨是天下有心相期而遭相左者，亦有不相期

過句何等清老

而適相遭者。誼關師弟，何敢偶失其行蹤，乃不期失者而竟失之。

承句工穩

思哉思哉之道貌，恍隔雲山，情殊潛見，察必偶接其丰標，乃不期接

者而忽接之。仰落落之高蹤，相逢萍水，時則有白髮蒼顏，神清而

貌古者，非丈人乎？肩任背負，扶藜而徐步者，非以杖荷蓧乎？考之

先王之世，六十還田，頒白者不負戴，古風良可溯也。彼丈人者，杖

杖荷二字點綴不俗

鄉歟？杖國歟？其年不可得而知也。荷蕢歟？荷鋤歟？其業又何適相

等也。玆且無因而前，不謀而會，何子路多忙於道左，而丈人優游於陌上也。而吾乃為遇者慨矣。前關行之頃，豈意有長佩高冠踟躕中路，而偶然覿面，儼呈勞頓之形容，則無限憂虞已盡入老農之目。歧路倉皇之會，亦第與野老田夫徘徊隴畔而回憶吾師。來下停車之何地，則一時邂逅，豈足慰失侶之心。其隨遇而隨問也，殆亦從而後者所不自禁也夫。

不蔓不支，得古文紀序法。師蘿村先生

逸興遄飛。費尚華

子路從而後 四節　　劉延

遇于始而不復見于終果于隱者也夫丈人心存于避世也荷蓧可甘雞黍可共而反見終不可得果于隱故如是從來避世之與用世要皆各行其志也志不必其相謀故猝然邂逅有時修世外之歡志不容以復挽故延訪雖勤終難返幽人之駕于以見聖賢之意念深而肥遯之襟期遠矣昔夫子所至轍環而行跡莫定其去隱者無幾矣然而非隱者也方且欲挽天下之隱者以從我而無由也一日者有子路遇丈人一事記之曰子路從而後明乎栖栖皇皇席不暇煖之意也曰遇丈人以杖荷蓧明乎行藏各殊落落所遇之非其人也

而丈人之遇子路則有異焉者其答子路也詞甚倨既而止子路也（點法參差入古）（用荊川類敘法。論者淺補）禮甚恭洎乎夫子動容子路反見又似避之惟恐不深者噫吾知之矣其嬲子路也抑又窺其拱立而有不忍不止者焉攬轡登車以已厭（裁對二比）聞其事子路之不以子近也宜也頓轉而思之吾安吾居而勞人息（俱頓宕便有飛致）有之無地吾食吾力而遊子旅食之地悲棄世逸而一人勞而復蹐（文生於情）蹐焉斂容道左四顧躑躅而不前此亦物外幽人新目擊而心憐者（文人衷內）也止之宿而似慇懃聊慰征途之寂寞俾知山林有家室之樂而（揭）風塵塵攜荷之憂世與我而相遺復悵悵其焉之也其亦有動于中（雖是文人心事）乎蓋雖不交一言已不啻以與汝偕隱之思隱然招之矣其于子路

之去也逆計其必反而有不得不行者焉泌水衡門不絕往來之思
丈人之殷然止宿也情也頭轉而計之（補點）四體可愛而力而耘者誰氏
之土五穀可甘而粒而食者誰氏之（原評擒他今昔虛推題神）粟蹴其上而食其毛而顧泄泄
焉治亂升沉晏然委為非我事此東（夫子懸懷）國勞人所為閱世而心非者也
今共及而片語相規當復何辭以（逆者忌情處作如是觀）自解責諸我而為不可易之理據
謂心而為不入耳之談既素心之雜（肺肝如見）回何強詞之多事也其絕迹以
相譏乎觀于室亦人遐已不齊以身隱焉文之志決然告之矣嗟嗟
丈人所謂鴻飛冥冥可望而不可即者耶而無如所待則已倦矣相
責則以細矣未免有儔不必絕人過甚越席命駕終于招之不來宜

繫抱

夫子聞而嘆其為隱者意若曰君臣之義彼蓋未之聞也

製格高老兩邊各寫心曲委婉情至昔賈生代人置對每各如其意所欲出文殊近之　王汶山

子路從而　行矣

潘從律

賢者之於隱士可遇而不可見也夫子路之遇丈人偶遇耳知其隱而反見則有意以見矣宜其行也且世有聖賢又有隱者蓋判然兩途也其行事每不侔其用意恒相反有時猝值於避逅之間而未嘗周旋於往來之際比比然也昔子路從夫子遊失而後嘗遇隱者云隱者何許人一荷蓧之丈人也其始也若傲其繼也若恭其終也若僻曷傲乎爾隱者之傲也曷為隱者之傲傲之以言傲之以業也傲之以言奈何勤四體分五穀孰為夫子一似重有慽也傲之以業奈何植杖而芸旁若無子路也曷恭乎爾隱者之恭也曷為隱者之恭

（若綱在綱）

見子路之拱立而止之宿也止宿之黍奈何雞黍雜陳也翩翩而相揖者二子也依然隱者之家風也一曷辭乎爾隱者之辭也曷為隱者之辭以子路之反見也反見之辭奈何宿而行行而告告而知其隱知其隱而反見不過明日之隔而丈人已行也是則隱者之避色避言而所云入山惟恐不深也嗟嗟彼丈人者言動舉止迥異恒流室邇人遐蕭然物外胡然而遇也夫豈相見恨晚者耶胡然而止也何類一見如故者耶胡然而行也又詎謂數見不鮮者耶則甚矣隱者之可遇而不可見也子路乃為留數言而去

簡潔蕭疏鶴立山阿

第六冊　卷十七

子釣而不綱　一節　沈宸荃

聖人取物而寓不取之意焉夫釣弋非聖人意也而况重之以綱與射宿乎今觀聖人之於物除其害而已非能為之盡之也不辭其来而已非能多為之徙之也夫魚潛在淵不知其有否也垂綸而釣人擄其髙魚擄其深兩者相隱於不見君子所為卜諸幽也幽者易匿潜乎所窜寬之匿也乃或者謂終日持竿百不獲一不若其綱也聚其族而殲之糾紛襍沓率以停見豈魚亦有數存乎其間耶夫相彼流泉以游以泳有頒其首有莘其尾不謂衆綱相連靡有遺類若此君子曰未及尺矣先王之所禁也惜也罪罟之禍盡殺乃止魚之生

寓意事乃不落跡

无一字無來處

筆二語妙

意安在哉夫有鳥高飛不知其來否也張弛而待人自在鳥〻則在〻
人兩者相示於相見君子所為謀諸明也明者易遊君子所棄縱之
遯也乃或者謂終日挾矢亦百不獲一不若其射宿也乘其宜而擊
之毀室探卵卒殞其軀豈鳥亦有數存乎其間耶夫去其扶疎巢于
林木歲不能風民不能侮不謂衽席是處亦有戈矛若此君子曰日（陶詩日入群動息歸鳥趨林鳴）
之夕矣百動之所息也惜也弓矢之毒瞞乃不免鳥之藏身何所哉
蓋物不虞劉則物過盈〻則物自相賊君子之所惡也故來而必誅
所為草薙而禽獮可以御賓可以酌醴物太虞劉則物易盡〻則人（用柳文句）
將敗物君子之所傷也故往而多赦所為長微而滋族可樂深靜可

○對○慕廣問○意約而不綱弋不射宿夫子爲此蓋即所以教矣○于是群弟子遂謹誌之○

瀟洒無塵仙姿絕世○惟其不受玉落牢籠○故筆意彌復逼真○常頗有

直拈仁字則無筆着○一點二氏氣○更不可留遍矣○破除俗說換新

領異詞高者以言妙而工作者有之○

子釣而　沈

子釣而不綱　一節

雍正庚戌　梁詩正

取物有制可覩聖于微矣夫不綱與弋非子也綱與射宿亦非子也取而不過夫是以為子之釣弋歟今夫人不矯情與物忘者然

釣之

後能與物相忘不刻意與物競者然後能與物相競而究之未嘗

不綱不射宿

與物競則固不必與物忘若子之釣弋乎紀焉夫子曷為乎釣弋薦大夫之廟其謀實爾俎奉老母之羹能弗給于鮮以至洽賓客佐盤餐亦至人所有事子何必不釣弋哉然言乎釣弋則有異持竿而待魚之去就寬焉彼弗之詧秉餌者亦心寓耳矣棄繳繙而

真乙入神而爾不刻

為弋流之術是相通之深也子弗為也則見其不綱繫矣而加焉

之繼避黍焉彼鵠之遇仰慕者徒自羨焉矣衆棲止以勤矰繳之施是相中以術也予鵠為也則見其不射宿若此者或謂無情遇（醒出中二義）物幾同域外之逍遙或以博濟空言與儒宗之迂濶而吾竊有以窺乎其生人口腹之故寔有不解之情夭設魚鳥以字之釣弋非所諱也即使竭一人之貪得豈能罄造物之藏然誘以寬而收之以隘伺其安而予之以危人之力不足以盡之而意足以盡之（所謂兵莫憯于志）也吾夫予當取而取或僑或仰瞻顧間便我取攜而不然者固蹝琴為常供予薦不易吾樂矣此則節欲以制情而自不過情也物類生殺之關均有適然之數人設釣弋以待之魚鳥知不免也雖

或競一日之殘暴亦終歸其致之機然至蒲藻不能藏而顏色不
善敘名理
及避物之艷非適與我逢而若悉由我造也吾夫子偶取而取為
撰意出而不窮
難為飛遁迴闊何煩姑息而不然者雖藝能有素譽乎蓋遜謝不
敏矣此則明理以任數而仍不言數也是故魚安游泳綸之弗若
妙從何處看來
共其游泳彼弗置焉固已獲也何必結綱以從始悵意于臨淵之
羨鳥樂翱翔矣之發正兼其翱翔適相值焉固已頑也乃若高飛
既杳發釋然有藏弓之思可知物雖異類念慮可以相通意與為
生致含原無二致世之取物無制者其尚奉子之釣弋以為法焉
可

詞爲者以言妙而工中間極有名理然吾尤愛其前後着題處渺忽生意能到盡所不到也　方文輈

不過情不言數旨遠詞文能寫其所以然而前後天機特精口正須此細意摹畫為能空寫聖人仁心為猶何異鷹木濕鼓師洛極詠湯海若文空作大話乃其所稱工者亦未有加惜不見此等作也

于鈞而　梁

子釣而不綱弋不射宿（論語）　湯顯祖

明文得中集　大　論語

子釣而不綱弋不射宿

湯顯祖

視聖人之取物而正大之心見矣夫不綱大矣不射宿正矣斯其為
三之字為首以為彙指者猶小
聖人之心乎嘗謂合道之心常不欲動殺機也於之中猶有適焉試
言之太虛也聚氣見魚游而鳥飛一旦取之凡有情類欣生而畏死
一提一束一造一挨一縱一收一照一以一得一毛一詳一多一熟一此一是一文一目一次一數一運一不一似一之爻
人擬頭鑿処也
但五行人多嗜欲之蔽圖必窮魚鳥以為養聖人因祀俗之後亦將假
魚鳥以為養愛有節之不足而綱隨之魚之窮也聖人曰吾已約矣
若之何其綱然鳥有弋之不足而射宿隨之鳥之窮也聖人曰吾之
弋矣若之何射宿也取熟之多不若取熟之少縮不盡之物以還太
不綱精矣
厭取而有餘不若取而不足節不盡之機以還純曰呼此聖人所以
不射宿清久

象五

為道心也。

說理精寔又極雋永。此種文字。直突過震川先生。董思白

皮毛剝落盡。帷有真寔在。此人所累幅不休者。文只以二百餘字盡之。可知此事只爭的與不的耳。俗子競辭費何也。趙子一

餘不聖人。

子釣而不　二句　　叢澍

聖人有及物之仁而以不盡取者為取焉夫物而不有以取之不得託于仁也物而欲盡有以取之亦大有害于仁也是二者夫子皆無之也是為聖人及物之仁耳夫天之生物也生之機未嘗或息也然而餓焉而生之者餓焉而已窅然喪其生焉夫既已窅然喪其生

泰閒雅游

而生之機卒未嘗息則是其生也以生為生亦以不生為生聖人之于物也亦若是則已矣蓋物原以滋其材于人而無所憾顧亦有幸不幸焉取之以其道是幸也取之不以其道是不幸也聖人于此獨

盡性立命挽聖人者分係焉

有以盡萬物之性而無所于苟且人莫不利其用于物而莫之禁顧

亦有平不平焉無故而相棄不平也無故而相取亦不平也聖人於
此獨有以立萬物之命而無所于私則嘗見子之釣矣釣也者吾操（一句括一部道德）
其數之之具而物適與之值焉而遂從而貪之夫貪于人者必報于（兩字一樣）
人此自然之理也若夫游焉泳焉而適然而遊者其自處固可以免（不字上兩）
也而必欲以其族俱行是絕其類也物不可以遽絕吾子固有不忍
焉耳而嘗見子之弋矣弋也者吾繼其一往之投而倉卒莫知所避
焉而遂誤而觸之夫禍出于誤而機不能忘此亦自然之勢也若夫
棲焉息焉而飄然而集者其自處可以無傷也而猶欲以其術相試
是乘其不備也物不可以相棄吾子固有不忍焉耳釣也而不綱也

弋之而不射宿也是則物有不可以不取者以身狥物而不肯一有所傳而惟異類之是狥幾何而不化為異類也然而物固有不可以（可以知釋氏之妄）盡取者以身狥物而一發而不能制而惟異類之見狥又幾何而不（二比於發出卻許絕大議論）化為異類也聖人盡物之性即在漁獵之間魚川泳而鳥雲飛以是為化工之浩浩而取其不足為其有餘亦即寄于隨物之賦形聖人立物之命即在生殺之際魚亂于淵而鳥亂于上以是徵世道之日類而有所必殺有所必生此亦莫非仁術之小試吾黨見夫子之一釣弋閒而莫不有其道也于是乎書

行文純是漆園神境而其理則粹然吾儒宗旨無悖于老作也

歷科小題卓編　上論

前輩此題名作最多。要莫能道得玉著太歷之聚八句。若此篇後二股正自不肯多讓。

子鈞兩

叢

子游子夏曰回也　周灃

兩賢列文學之科未若大賢之尤係聖思也夫子游子夏固長于文學者也乃夫子念及于回豈徒以其居德行之首為優于游夏也哉昔夫子志在春秋乃筆削之業游夏莫能贊而弟子之間獨薦顏淵為好學意者文章爾雅雖足擅蓺林亦僅得聖人之一體而惟心契本源乃為聖人所低徊不置者乎魯論記與雜諸賢首列德行終及文學文學伊誰則子游子夏是已爰考當時上下無交興歎兕虎悲窮吾道惟回也以為不容何病不容然後見君子窮愁寂寞之中能以溫厚和平之言相慰藉則回之文采風流

自可以德行而無淹雅之目乎不知同也德優于文故不必以儒
術稱游夏文勝于德故專以博洽著也蓋自嘆乎蜡賓以來而坤
乾夏時獨有以得文學之淵源雖習禮者未逮約禮然則古稱先
他日南歸吳會煥乎有文章變俗之稱者非他人子游也自序乎
篇什以後而揚風扢雅獨有以擷文學之菁華雖不及者猶遜不
遠然旁搜遐攬異時說教西河藹乎著爾雅溫文之譽者非他人
子夏也文學如此宜附于德行之後而稱說詩禮經術經世并可
輝映于言語政事間也且夫游夏固夫子所深嘉而樂與者也聞
原評擊動下意以為波瀾使不孤冷
弦歌之雅化而動莞爾之容因禮後之會心而深起予之嘆兩賢

之善體聖教非以其能推廣旁通得斆學相長之益乎乃夫子忽若于賞奇析疑之外別有深情而獨稱道夫回之為回也何居夫虞韶周冕子嘗以文告回矣回若用其博約之長以闡明道藝何遽不如游夏之發藻儒林而予之致思夫回者正不徒在考古論今之際不貳不遷予嘗以學許回矣回若本其克復之養以歌詠先王何必不勝游夏之馳聲藝苑而予之深念夫回者久不僅在執經請業之間然則就回而觀其德行固與游夏殊科而心齋坐忘終日不違毋亦有遠過于游夏之質疑問難者乎要之游夏彬雅得文學之傳故斕斕文藻不能令之他屬回也闇修居德行之

周芷東聯捷文稿　論語

○苟故落落暗言獨心念之而不忌。無所不說。夫子雖不樂其起予

○乎較之莞爾之喜更深矣

邑尊郜老師原評

機神流動奔擲處亦復頓勝生情次藝一氣呵成揮灑自如

於無情中生有情難聯處作聯合溫雅秀潤割截題之能事備

矣　伯父侶箕

子游

子溫而厲威　一節

福建徐學使歲考　余祖訓

南平縣學一名

○○聖人之德，蘊於衷以顯之，而其象可想也。夫非厲也，不猛與安也，而何以養其溫而威與恭也？唯其人之無不備也，是之謂德。且吾日侍聖人，欲測其中之所藏者而無從也。聖其不可知矣。然則於其外之所發者，庶幾得之。而無如所發者之亦不易得之也。即以其發焉者，皆其藏焉者也，吾烏乎測我夫子哉？則見其春氣迎人也，而以為溫；莊敬日彊也，而以為威；卑以自牧也，而以為恭。是足以觀聖人矣乎。然其間正自有辨。或委蛇以從俗，貌為溫而非溫；或作氣以加人，貌為威而非威；或屈節以取悅，貌為恭而非恭。此之有辨矣。

先提起二層

知也不足以論聖人也或樂易而少廉隅之立意主於溫而反非溫

斷出三而乎正面來

或嚴凝而有服物之嚴意主於威而反非威或撝謙而有蹴踖之狀

意主於恭而反非恭者之有辨難知也而聖人無復出此也吾乃今

而其可親也而不可狎也則溫而厲乎令人狀也而不令人畏也

則威而不猛乎無弗謹也而究無不化也則恭而安乎在聖人

於溫之時而又作一厲之想於威之時而又作一不猛之想於恭之

時而又作一安之想於是吾人亦即於溫之外而別見一厲之容於威

之外而別見一不猛之容於恭之外而別見一安之容祇覺其從容

運一忠相爲不求厲以成溫而自溫不求不猛以成威而自威不

求[illegible]恭而自恭也已矣抵覺固時乎此之莫非是焉大能執其溫而厲者之行其一偏而威而不猛者之又有其一偏而恭而安者不更有其一也也若且夫[illegible]之與厲類若同焉而以為厲威則[illegible]非溫之與[illegible]共義為非之而以安屬溫則又非吾烏乎測我夫子哉

指擬呼翁恰見聖人全體言言實際御凌空結撰超妙入神之筆

此語

盛德之容故難圖狀學者乃欲逐字分配沾沾于何者屬陰何者屬陽宜其擬之議之而罕有當也文只凌空寫大意精神全注三而字不作一鱗爪語逐于人所束手生困者獨得游行自在

子溫而厲威而不猛恭而安　第二十四名　邱煒

備擬聖人之容于以見時中之德焉夫威也恭也不足為夫子異所異者厲也猛與安耳者故備擬之且中和之至蘊德性者為先而著於容體者其後也顧惟蘊於德性者肅凝陰撥陽覆之宜而後著於容體者舒慘互形乃顯化裁之妙莫乃者可親而不可狎也儼然者可畏而仍可近也肅然者可敬而無議也其中渾然其外睟然殊覺形容之而莫能聲焉今夫氣質詎能無弊要諸大中則不偏儀容非可勉持本諸至和則悉當蓋觀夫子天地具正大之情以遍齊類故春和兼乎秋肅斂動繼

曰聰動直靜專正位而昭目夫子之德足參有
不忤也帝王本中庸之道以經理萬端故教養不尚驩虞刑罰悉
忠厚垂裳端冕無為而致太平則夫子之道冠古今其本乎自
有異也故淺而窺之則藹藹其容溫潤如親圭璧巖巖其象威嚴
如對君父抑其儀恭敬如臨朝祭誠中形外分觀而各協其宜
盡但見其溫也威也恭也有然而深而接之則溫本乎存
儼肅之形悟殊纖悉之象恭近於禮鎮靜
容止色根心合妙蓋又見厲也不猛也安也有然
則餘為厲與安若不足以語夫子也夫子豈內

子溫而厲威而不猛恭而安　邱煒

慈度根乎暖神行以氣胥平剛健不傷慘刻周旋忍和作自覺舒恬蓋是有厲威之中有不猛恭之中有安也夫詩歌崇敦厚而風刺六文筆貴尚謹嚴而褒誅合於義[illegible]經莊敬而秩叙順乎天生平志在六經律度之昭垂本文章屈而慧事强締焉當局不自知也而吾黨乃默為勘之然則偏於安與予猛與安者尤不足以擬夫子也夫子富有日新震懾之神自齊徽柔之度而且剛愎不用照勇不失大中規矩從心胥接不併為一千蓋厲以成其溫不猛以成其威安以成其恭也夫柔順者之體持以正而不偏剛之施和以利而不激齊莊者禮

福建闈墨　乙卯　十五　第三名

用協乎情而不拘當躬而氣宇之淵涵根柢以出之

作致焉聖德無不至也豈淺識能測其微哉夫子全體之

於時中者如此

詞旨隱秉氣象安詳

子溫而厲　一節

江南張學院科考　周翥
太倉州學一名

乘一睹聖人之容，一德之可盡焉。蓋人即溫焉、威焉、恭焉，而無迹
有以窺夫子者，久久入，得寸倚，而夫子各有其全也。記者故為傳形
此曰侍聖人者，或以為可親焉，或以為可畏而可象焉，而
知猶未得其神也。夫僅從其分小者窺之，而未知其所統備之數者
以言德而成，且未知其于各至之中，有以相兼而善是備固乎吾黨
意見以求之，而所謂威德之真者不出也。乃令而有以知夫子矣。
夫子原未嘗出所藏以示人，故其積而在中者，豈能盡之乎動容作
止之間。夫子亦未嘗備一貌以立異，而其著而莫揜者，亦時遇之乎

氣象威儀之際則以為藹乎可即若夫子溫矣儼人亦有溫焉者而
見優柔示以近人之致則是乎人以狎也以觀夫子雖然若其貌疑
一若其神而渾穆之內有秉陽既於其不激仍寓其不隨而知路之
中、亦柔氣在夫子初非一意以為溫又一意以奪其溫而受自有節
東陳○兩句成一川上二字○方見道意
而至正者以為溫之質焉則溫而厲也此則夫子之溫也凜乎難犯
者於頑人非有威焉者威氣於情矣不可近之容則毋乃已
者夫子也
其心觀乎之方所自具斂以為肅氣也而非以為作氣
所素踐以為之也而非以為拂性在夫子初未嘗一念之
人一念以為威而要之有至當與拂若以止乎威之分焉則威

子溫而　威而不猛恭而安　　第廿七名　孫翼隆

曲繪聖人之容而時中之用見焉夫溫也威也恭也夫子之與人同者也而厲與不猛與安則與矣時中之用不可曲繪所見今夫聖不可知其性量之高深幾使人難於擬議矣夫極於所不為蘊中之氣之渾淪既莫窺其分際而見諸外者為德範輝光乃見露亦難罄其形容兌說也乾健昭焉震動也巽順寓焉謙卑也艮符焉夫固非一偏所能測一境所能肖也已今夫夫子以身體道動合自然作則因心發皆中節盛德所充司固在人意中而出人意外者也惟然吾嘗有以驗夫子矣蓋嘗觀天地之道寒暑迭

是其運陰陽互爲其根而時行物[illegible]畢照普於無臭無聲之表天
下於以仰大造之神焉因而知夫子之德健順克備乎五常舒斂
[illegible][illegible]二氣而誠中形外道顯示以不偏不倚之概天下於以欽
藝人之範焉以言夫溫則惠而好我如坐春風和以感人共欽醇
瞭然乎其情則爲溫馴其情則非溫可即也而亦可玩豈思之
詞乎而予不爾也金錫其容不掩瑟僩之素珪璋其品[illegible][illegible]粟
之文大見[illegible]然則並見爲厲也昔是則夫子之溫也以言夫
不怒而畏肅[illegible][illegible][illegible]不惡而嚴懍於斧鉞[illegible]然得剛氣則爲威清
[illegible]氣則非[illegible][illegible][illegible]而即[illegible][illegible]或[illegible]謂乎[illegible][illegible][illegible][illegible][illegible]鎮物雲

絶物在重慈祥自强而不自矜嚴毅胥歸於忠厚爲威即並見爲也皆是則夫子之威以言爲恭則齋居作肅五事陳[illegible]立宜形九容雖節矣然近於禮則爲恭非恭作意也而非適意豈恭之謂乎而子不爾也自樂其不激而亦不隨故穆而後恭人見爲恭即並見五者是則夫子之恭也於以知夫子有時措之宜焉時而溫也仁以義時而威也柔克以明時而恭也[illegible]和以樂[illegible]旋[illegible]着以迹而非滯於迹全其天而即動以天性道之渾涵氣質不得限之夫豈一德之可名哉於以[illegible]夫子有執中之學爲蘊然著

建闈墨　二卯科　八二

其氣得溫之中藹然著其彩得々之中恬然者其性得恭之中正語默之間靜則專而動則直兩而化者一而神至誠之不測容適有以肖之夫豈三變所能盡其蘊哉以德容之盛也

筆老刃緊是高手

子溫而厲威而不猛恭而安　許柯

[illegible][illegible]之精也蓋循二氣五行之中和而德容發焉[illegible]

[illegible]猛也安世攸善觀子者誰能于溫厲恭見之且二氣有互根五

行有順布聖人有合德人受天地之中以生而稟質多偏惟聖之

得其中而粹以和焉聖人之德容二五之精妙合而凝者也溫其

陽之和耶抑陰之柔也互根焉而陰嚴之陽剛之厲矣威其陽之

震耶抑陰之慘也互根焉而陰順之陽舒之不猛矣恭其陽之正

耶抑陰之肅也互根焉而陰定之陽健之安矣而儀之垂象也日

為陽之暄而以陰麗雷為陰之奮而以陽出山為陽之教而以陰

凝渾為陰之感而以陽乎蓋各具一中和焉而無極之真先以生兩大之中和靜之為對待動之為流行二氣之所以互根也子亦該動靜于對待流行之際而互根焉已矣

一句打合關天本領

溫其木之散耶抑火之然也順布之而火燥之土凝之厲矣感其金之斂耶抑水之險也順布之而水濡之木暢之不猛矣恭其土之方耶抑金之重也順布之而金斂之水流之安矣

前後他真具道理

四時之錯行也木應春之生而出熏之氣夏之炎而啇以離金應秋之殺而悅以兌水應冬之寧而一中和焉而中央之土復以協四序之中和化克而相生五行之所以順布也子亦渾變化于相克

星。。
小。。而焉已矣。
矚泰山而對奇觀遊蓬萊仙島中令人眼界一新　壽甲
二五之精妙合而凝　太極圖說

子溫　威而不猛恭而安　第三十一名　曾日三

倘擬聖容而僉謂有可見矣夫猶是溫也威也恭也而自夫子出之則見其厲與不猛與安焉魯論所為備擬之令使覲聖容觀其分見之迹則於藹然者見其仁於凜然者見其義於見其禮豈知仁為至仁藹然者仍覺肅然也義為精義凜然者自覺熙然也禮為嘉禮抑然者初非勉然也在聖人源流溶於無心而從旁接見之餘遂為擬議形容之所兼而備且夫子之身固合天地帝王以為量也天地具中和之氣代嬗乎春秋祗此一元之許我夫子體天地之氣於一身而和而不流剛而無虐矜而不

本自天合陰陽之撰而時措咸宜帝王操制作之具則備著禮樂
總歸一中之運量我夫子綜帝王之道於厥身而寬裕溫柔發强
剛毅齊莊中正自足參陶淑之精而合言而化不覩子之溫乎申
申如夭夭如溫莫溫於此矣然子非一於溫也肅雍嚴於樂易可
親然無可犯之容化暴戾為和平不剛而並寓不柔之象是厲
所以善其溫也不覩子之威乎衣冠正瞻視尊威莫威於此
子非一於威也道德足勝人不必遐凌人之氣非[illegible][illegible][illegible][illegible]
存服衆之懷者不恐也正所以善其威也不覩子之恭乎[illegible][illegible]如
與與如恭[illegible]於此矣然子非勉為恭也猶不踰之矩[illegible]剛[illegible][illegible]

[illegible]容胥形[illegible]禮是安也正所以善其恭也是蓋

有分著之容[illegible]有色之和和而不毗於柔威者氣之嚴嚴而寬

[illegible]泰恭者貌之莊莊而非出於矜蓋溫威與恭夫子[illegible]臻

故淺視之[illegible]知其為溫為威為恭而不知其所以溫所[illegible]

恭者發見之端早挾醞釀之精以俱出則剛克柔克之時寬[illegible]

[illegible]互濟無侮無拂之際遜順胥本乎自然且有遜見之蘊焉氣

得亦有修故溫而繼以威道不卑亢不亢故威而繼以恭禮宜

和亦宜嚴故恭而先以溫威蓋溫威與恭夫子四時而出故是[illegible]

之第見其為溫為威為恭而不知[illegible]時[illegible]渭[illegible]寺而恭者[illegible]

闈墨 乙卯科 第九

劉甲　乙卯科　第九

除。早。本。蘊。蓄。之。意。以。兼。流。則。[illegible]入否[illegible]健。悉。歸。

丑飭。廉。隅。而。循。矩。矱。篤。實。著。為。輝。光。聖容之可見如此。

機圓局緊純任自然

子溫而厲威而不猛恭而安　第二十三名　黃起示

紀聖人之德容極擬形全神見焉極也威也恭也子之德

形也而厲而不猛而安即於此見焉非極擬之曷足以狀其

哉且學者學於聖人久久而得其和平之象焉久之而後可以偏

之氣焉人之而得其齊莊儼恪之形焉自以為幾近於聖人以為

新多日深而精神迫對向之所謂和平者或不免毗於柔也所思

嚴凝者或不免過於剛也所謂齊莊儼恪者或不免鄰於強也惟

然而聖人之全神不見即聖人之偏端亦不見則試以是觀夫子

今夫夫子固以四德之光而四氣之和者也自其分注清於之蘊

若其氣舒儼然若其意[illegible]吉其神肅誠中形外流露皆道
德之華而初非清和未化者之所能臻其極而自其至著者徵之
親者亦可尊可畏者仍可愛可動者復可靜樂易優游涵養書
詩書之趣而並非意必未忘者之所能協其中不見夫子之溫
然溫主和而子則和而不流允塞為溫有恪亦為溫也則溫不
也夫厲則威矣然威主則而子則剛而無虐維畏為威乎厥
威也則威而不猛也夫溫如是而威如是非恭者乎然主
子則敬能從心[illegible]肅不矜纖柔亦為[illegible]則恭而安也夫蘊蓄
則精神自洽和備則律度自呈性情不囿於一偏斯為善[illegible]

性情求夫子聰明天縱盛德之光輝久已獨全其賦畀則用[illegible]
剛實有是不[illegible]以成溫而消加於溫也不猛以成厲
而非有加於成也以成恭而非有加於恭也一心之[illegible]
百禮之從容而溫非狐人威非陵物恭非勞形分按之[illegible]行見
[illegible]互勳之而足覘全量也則以是爲君子之三變可也學恭
矜於一是斯乃莫名其學問我夫子文章性道自然之涵泳早
[illegible]極其精醇則張弛之宜實有是不言而喻者溫濟以厲而非溫
之外別有厲也威防乎猛而非威之外別有不猛也恭出於安而
非恭之外別有安也一日[illegible]泔明還以百年之軌物而厲非色厲

論語　乙卯　第十房

容。非濟猛。安。非懷安。猶遲。議俱窮者。徐察之。而德神畢現。

也則以是為玉藻之九容可也此聖人德容之著也

從學者看出聖人氣象三而字便有精神理具法密筆健

清

子溫而厲威而不猛恭而安　第二十六名　鄭

側聆聖德之形者尚矣夫溫也厲也恭也始按之固然耳矣而察之抑亦何別與不猛與安乎非盛德曷足語此且夫此合其德者也惟天地葆其中和而陰之斂陽之舒一九負者二氣惟[illegible]德符中正而剛不怒柔不懾二氣咸備於一身亦大[illegible]之內涵粹然太和之外溢而誠中形外終非言思擬議之所得而窮不然吾黨侍夫子有年鄉黨一書形容備矣而且燕居無事申夭曾繪其神三變有真望即亦窺其妙顧何以分而驗之從未嘗合而觀之也君子曰是烏足以夫子之全神哉始未喻其旨

也藹然如日之和雍然如春之煦涵矣慘刻非溫寬厚亦非
溫溫本夫良純仁畢露而又非一於溫也凡人和者易至流溫則
厲而子乃可親亦復可畏則仁也而裁以義焉變亦未偷其不
凛然如秋陽之暴赫然如上帝之明子又威矣酷烈非威矣
猛亦非威威持以重嚴氣所凝而又非一於威也凡人剛者或至
矣威則必猛而子乃有威亦復有容則氣也而御以理亦然
進為溫威也肅穆如霜之見儼然如露之承子又合而一之恭何與
極非恭從抑亦泰恭儒揖讓禮法可守而又非一於恭也凡人
謹者易至於畏月容而子乃能故亦復能卯禮之而安其其於

爲且夫爲溫

厲而有威不猛

恭者德分著也即溫即威即恭者德至也

恭安[illegible]有溫者德[illegible]半也溫之厲即威威[illegible]

不猛即恭[illegible]之安也溫者德本[illegible]也溫必濟以厲威必[illegible][illegible]

恭必濟以安者德之湊於無間也見厲旋見威晃不猛[illegible][illegible]

與旋乎溫乎德之渾於難名也而夫子初何容心也心謂溫威

著因時而施何以溫猶是而厲已形威猶是而不猛已形恭猶

而安已形盛德所昭宣威歸湯穆而自天而動健與順悉發於

不自知此上律下襲之所畢形也而寬而栗剛而塞柔而立於以

全體之所涵而夫子之未嘗雜乎

以謂溫威恭之是合同而

仁何以溫近恭而莊非恭威近儼□□厲安近不舒所究非矛
猶至德所流露各具儀型而有象可觀嚴與和悉徵於無所偶此
行物生之所默示也而巽之剛震之亨貞之貞究孰貌全神於
讀
前半亦第想像之云爾而夫子深遠矣
才思煥發妙緒紛抽

子溫而厲威而不猛恭而安

[illegible]名　戴良

備凝聖容於仁義禮[illegible]之矣夫仁也爲溫義之著爲威禮之約爲恭而厲而不猛而威即寓焉子之德容不且合同而化哉動容而不具仁義禮之德者不可爲賢動容而不化仁[illegible]得一者不得爲聖仁或過於柔義或過於剛禮或過於拘賢之所問賢也仁不見其柔義不見其剛禮不見其拘聖之所以爲聖也夫德性秉乾健坤順之資而又有風雅之和平春秋之嚴謹[illegible]之肅穆以調劑於咸宜故睟盎根心秩秩乎中和之氣象其學兼帝諦王煌之度而又集文考之徽柔成湯之勇智[illegible]之[illegible]

以化裁而盡善故陰陽合撰彬彬然盛德之輝光浩　若惟我
夫子子之仁則著為溫焉顧以溫擬子而斂風裁以歸醞釀非閱
上故而胥圖通故溫易親也子則可尊仁不見其柔也蓋溫而厲
也子之義則著為威焉顧以威擬子而本和順以發英華非任
方子成圭角故威主嚴也子濟以寬義不見其剛也蓋威而
夫子之禮則著為恭焉顧以恭擬子而郎聲身以昭律度作
積以東宮嚴故恭公敬也子獨能舒禮不見其拘也蓋恭而安
之三者見聖人之子　而和粹式金玉之型溫則難厲震動歸
霆之怒威則之猛傴僂傳銘鼎之詞恭則不安異致而欲使同歸

雖數十年之□養不能致也惟子以天縱之才渾五行四時於無
間而仁育萬民有王者必義正萬民□□其中禮節萬民胥生世
亦溫且厲威且不猛恭且安遍觀之雖兩而化厲即溫不猛
安即恭總覽之實一而神至德本渾淪斗而鄉黨一篇何□□厲
且□聖人之時中焉矯釜鍾噢咻之習厲失其溫平介胄難□爲
容不猛失其威釋鷸亘肅將之意安失其恭分呈而能使合著
□百世之聖賢未之覩也惟子以時中之道妙三材二氣以流形
□仁心惻怛者於此見義氣充塞者於此見禮文謙退者於此見
溫本於威威本於恭恭本於溫三變者可聯而及厲與威近不猛

福建副晉　乙卯科　第十[illegible]

與恭近矣與溫近一貫者更互而呈名言其難罄乎而杳壇諸弟

備摭之

通體以仁義禮分貼意匠經營風神諧暢

子張曰異　人也　高飄然

賢者廣言交而深異乎拒之說焉夫交不衷諸君子則拒人可也君子不拒而我拒之乎子張之異也如此意謂天下皆吾道中人耳吾不知夫拒之〻說何所聞而云然也自我思之有不敢拒者

原評全神俱出　四語立

一篇之力

亦有不忍拒者有不必拒者即有不能拒者益吾聞君子之教也久矣子夏之所聞與子〻異何異乎爾異則異夫君子度量之廣夫時存一兼收一世之想而拒有所不敢拒有所不忍異則異夫吾人分量之忖度時談一見棄有道之思而拒有所不必拒有所不

提綴

能割甚矣拒之〻說非通論也何言乎其不敢也賢也善也幸不

以庸流視我而且交于我則書册琴瑟之旁寔有榮施君子尊之
嘉之〻不暇而如曰拒之也敢乎哉不敢也此吾所聞之異者一
何言乎其不忍也衆也不能也卒皆以頑望處我而願交于我則
車服禮器之間盡以風君子容之矜之〻不遑而如曰拒之也
（處〻揭九背〻台）
忍乎哉不忍也此吾所聞之異者二其不必拒者何也蓋凡拒人
者必以為我大賢故也我之大賢歟賢之大者量亦大是將以我
（又與〻上二句相〻綰帶）
之賢善同天下之賢善者也是將以我之賢善成天下之衆之不
能而皆為賢善者也此吾以所聞之異推之而知容之〻說無所
不可也而如曰拒之也我則何必其不能拒者何也蓋凡拒人者

必不討我之爲賢故也我之不賢歟賢不在我者人必棄我是我爲衆與不能大遜于天下之賢善者也是我爲衆與不能有望于天下之賢善以自治其衆與不能者也此吾又以所聞之異推之（到了不槩）而知拒之〻權固已倒置也而猶曰拒之也我則何能不敢拒不忍拒也如此不必拒不能拒也又如此而子夏曰拒之耶異乎吾（倒出首）所聞（句）

評

全以聞之異破其拒之非處〻照應筆〻生動直弄題如九原

善于馭題若綱在網有條不紊此亦考卷中打乘法門也重滯

閩海偉觀

若正不群如許活潑庭聞

子張曰異

子張問明　一節

江南張學院科考吳縣學一名　吳士玉

論明者不蔽於明之所以能遠也天嚮懸近在人情而其難察則已
極天下之遠也論明者可舍是而求遠哉且所貴乎覩遠惟明者亦
○針○引○子○張○偏○題○緊○切
在乎窮天下之遠以炫吾心之明而在乎殫吾心之明以懸天下之
遠夫天下亦無所為遠而莫遠於人心心與心相接而情變之積出
以當我者覿面之間已瞭然其不可測殆未能由盡其妄而周知其
騖徒逐逐於遙渺之域無為也有如子張之騖遠也而問明殆欲操
遠之境以求所謂明乎子曰明固初無遠境也明固自有遠境也試
○刷○邊○字○筆○入○頂○門○二○針
吾明於耳目不際之處每好探索以為奇而見聞所接物之淹吾明

甘若松動

者舉吾之頻笑喜怒日為所同而且不自知矜吾明於新乡虎接之

閒每易輕信為無蔽而聽受所及明之有於物者且援其情偽微曖

功以相蒙而莫可致詰今夫人情之易行者曰譖曰愬彼譖人者以

多太甚之辭薄言往愬已豈傍心之語而或猶未極乎譖之工而或

猶未極乎愬之工未足以見不行之難也譖愬之最工者曰浸潤曰

而被知一般

膚受賓澤之潤漸漬於無形切近之災謔乎而望救此即譖者不知

所為愬此即愬者不知所為譖固已操乎必行之數也二者而竟不

徒明

行乎而可不謂之明乎二者而果不行乎而可僅謂之明乎吁特其

守中指力遠出庭常監以操握超勝以入出之費無

察之之明而逆之於先曰其譖乎其愬乎固也吾不謂逆之者之必

善

子張問明 一節（論語） 吳士玉

無一當也然及試之以浸潤而已惘然而不辨矣及提之以膚受而
之情然而不詳矣蓋我之待物者一而物之乘我者百其數已有弗
勝而況乘我之術且出乎心思智巧之外而為意計所難料向非明
含所以不行必在內所謂于蔽處二用功下正照物上用功也
哲作則之才實有無隱弗爾者而匿匿焉從其逆億以倖彼詐之不
生必不能若是超然先覺也已矣將挾其昭昭之明而禁之于後曰
此乘
爾無潛乎爾無愬乎潤也吾非謂禁之者之必無一止也然禁其譖
于二者相為反對而見亡之說
而膚受之勃然而起者不及防矣禁其愬而浸潤之油然而入者不
及檢矣蓋馭物者猶然敵我而眩我者彌益多術其勢已不相當而
況眩我之方畢盡乎緩急疾徐之變而為吾情所莫避向非明哲無
合五方是

子張問

論語

明之遠
疆之學實有遠而不禦者而總之焉猛相禁切以期好從之不售忍不能若是豁然不惑也已矣天下孰工于浸潤之譖乎則孰明於浸潤之譖之不行乎而弗達乎天下孰工于膚受之愬乎則孰明於膚受之愬之不行乎而弗遠乎張也以是求明而明不遠矣而明遠矣

直搶題要無一語乎衍後二大股從明中透出遠來橫空排奡可謂筆力破餘地　原評

遠即明之至也舒碣石將可謂明句只还一筆謂一着詩詞遠字便另生枝節許鍾斗則將明遠二句並出以下純用反詰謂明遠都在此文從明字中極力透出遠字得解與前人同而能翻盡白

科妙甚。註謂此必因子張之失而告之。故其詞緐而不殺。慶源輔氏云。子張之為人。務外好高。於事必有忽略自足之病。而無深潛縝密之功。呂晚村以謂務外好高者。其求明每在遠處。而不知反蔽于近。夫子舉此二端。是極近而易蔽者。於此能察。便不第為明而為明之遠。正指點子張反求于近耳。如此方見第二段之緊要。不為贅衍。此文趁二股探得此肯。而詞意更精警。非常。

戴田有

子張問　三　吳

子張問明　一節

馬世俊

與務遠者言明而明之道備矣蓋吾有所以不行譖愬者而明始無不屆也即有意於遠乎孰遠於此哉且從來一人廸哲而天下光昭豈非以明之故耶乃物變之來常多于我念之往而智識之用事其（遠○微○語○不○在○多）端愈不能靜焉則非不明之故而好用其明者之過也夫以子張而問明倘亦游情於廣通而極慮於杳渺也乎夫子則告之曰天下有（翻○義○警○拔○正○從○遠○字○上○來）能坐制於目前而不能無惑於意外者其道為庸人之所喜而傑士之所憂以吾論明則必於不及用明之地而是非於以先覺天下有能條暱於事後而不能早杜於未形者其道為愚人之所矜而哲士之所短以吾論明則必於無所事明之際而遐邇可以同觀今夫譽

言之難信而毀言之易入也淺言之多忽而深言之多中也彼譖人者亦已太甚於人於所忽或絕之易耳顧有如浸潤之譖者乎當其譖之來也有以為不行而忽已行者忠孝之受誣於巧佞大抵非朝[浸潤膚受只簡語勝人千古]夕之故也乃若英察不用於上而巧佞亦無所獻其技焉豈畏其威哉畏其明而已矣薄言往愬逢彼之怒嘗人於所輕則蹂之易耳顧有如膚受之愬者乎當其愬之來也有欲其不行而不得不行者奸雄之借端于君父大抵如身家之計也乃若權詐不開於躬而奸雄[第八二股只合如此]亦無所乘其捷焉豈服其斷哉服其明而已矣即此以深思焉識明氣決之主不無獨握之衡故謗書之詐偽容有辨于一時者而吾不[直是遠]貴也濬哲在上則讒口震驚原其所預戢而君子小人可均安枕擾

載而不疑智喜術馭之主好為察淵之務故璅説之紛紜容有決於
當念者而吾不貴也塞淵內秉則譸張變幻乃其所稔知而藏險伏
一二歧者自作過人
机可並進於昭融而不惧明誠未易言也此而不謂之明也得乎明
而遠者更未易幾也此而不謂之遠也得乎

子張止問明夫子添出遠字而詞繁不殺正為務外好高者其求
明每在遠處不知反蔽於近夫子舉此二端最是極近而易蔽者
于此能察便不華為明而為明之遠正指點子張反求于近耳如
此方見第二段之緊要不為贅衍他作貪發浸潤膚受議論非不
層疊然不若此之精細矣　呂晚村

起處便挈遠字却又渾涵不露入題後只講透明字而遠字已見

清通簡要逼真先輩體裁　楊聖調

○○子張問明　一節　　許獬

明於人情者至明者也夫譖以浸潤愬以膚受用情良亦巧已明乎此者明豈近哉昔謂天下無不可知而惟人情不可知故知人之所不知者至矣子張問明而子告之曰子欲知明乎夫明莫大于辨忠邪嚴慝之門而使正道白又莫大于辨是非曲直之狀而使公道伸世有巧為譖者譖不以驟而以浸潤其說能使人漸信漸入而雖有大賢素負姱修之行者反以無根而受誣有巧為愬者愬不以驟而以膚受其說能使人驟感驟動而雖有大奸大慝敢為背逆之心者反以情迫而見倚此而不行焉可不謂明乎此而不行焉可不

萬曆大小題文讀本　　論語

謂遠乎蓋所謂浸潤者微詞也中於昏庸者猶淺中於聰睿者尤深

原評精妥明透便雅分然純用反講明素徹在

久我之能察故即乗其察而惑之而本欲照鏡倣鏡倣在前而不覺

所謂膚受者危詞也撼之暗弱者猶緩撼之英毅者愈速知我之好

直故即乗其直而惡之而本欲理寃抑寃抑在後而不知自非明在

聽覩之先知其譖愬者何人所以譖之愬之者又何人白黑精未了

然安能迎機而懸斷也自非明在聽覩之外知其譖愬者何事所以

得譖得愬者又何事微曖稍未洞燭安能紛至而不眩也人藏其機

原評只此二句正講

目前遠若萬里我破其偽明哲炳若日星謂之曰明且遠也夫誰曰

不然

此題有兩个浸潤之譖膚受之愬○對餘便抄○若上下半篇截講則兼二个浸潤之譖膚受之愬話頭○如何與前分別○明遠二字如何分踈○殊难措手○此文先將譖愬之易行反說二股○即並出明遠二句○然後再反說四股○與前二股次第相承○而明字遠字之義都見斟酌可謂盡善○

子張問

許

子張問明 一節 許獬

明於人情者至明者也夫譖以浸潤愬以膚受用情良亦巧矣明乎此者明豈近哉嘗謂天下無不可知而惟人情不可知故知人之所不知者至矣子張問明而子告之曰子欲知明乎夫明莫大於辨忠邪淑慝之門而使正道白又莫大於辨是非曲直之狀而使公道伸世有巧為譖者譖不以驟而以浸潤其說能使人漸信漸入而雖有大聖大賢素負婞脩之行者反以無根而受誣有巧為愬者愬不以實而以膚受其說能使人驟感驟動而雖有大奸大慝敢為背逆之甚者反以情迫而見憐此而不行焉可不謂明乎此而不行焉可不

遠乎。蓋所謂浸潤者微詞也，中於昏庸者猶淺，中於聰睿者尤深，知（視前二比更深一層）

我之能察，故即秉其察而惑之，而本欲騁讒佞，讒佞在前而不與所（明遠二字鄭見）

謂膚受者危詞也，撼之睛聽者猶纔撼之，英貇者愈速，知我之好直，

故即秉其直而愚之，而本欲理冤抑，冤抑在後而不知。自非明在德

睹之先，知其譖愬者何人，所以譖之愬之者又何人，白黑稍未了然，（照忠邪叡賢）

安能逆機而懸斷也。自非明在聽，睹之外，知其譖愬者何事，所以得（照是非曲直）

譖得愬者又何事，微曖稍未洞燭，安能偏至而不眩也。人藏其機，目

前遠若萬里；我破其僞，明哲炳若月星。謂之曰明，且遠也。夫誰曰不（只此二句正講）

然。

評

鮮美至此真可稱初日芙蓉矣中間發明遠二字即人所謂畫

揣摩億逆所及意也而鑿空陡拔真有脫胎換骨之妙頸聯神

每以簡取老以淺取微理在目前人不能到文千子

意妙于用實機妙于用虛文至此可謂透脫空靈

此題有兩个浸潤之譖膚受之愬若書便將上下半篇截講則第二个浸潤之

譖膚受之愬說頭如何與前分別明遠二字於何處發揮此文之將譖

愬之爲行反說二股即畫出明遠二字然後每反說四股與前二股迥若兩

而明字遠字義都見斷為可謂盡善

子張問

子適衛冉　二節　　壬申　朱棻元

志適衛而及所從、動濟世者之心矣、夫子所極不忘者民耳、適衛而嘆其庶、冉有其實聞此言哉、且聖賢之仁愛者斯民也。而將不得其所憑藉而圖。雖聖人第一任夫環轍之轍。而無以結其欣慕之神。乃若臨車以至。祇若其師弟相從之素。而神明所觸。嘅息遥儔、識者因以知其神之遠焉。昔夫子抗懷於三代而有志焉。凡厥庶民蓋日從來於意中也。斯人吾與之顧念論同餘躍絃歌而動向盛旹政而漂車艤此蓁蓁盡入勞心之念而分其責者吾徒也而旅來泰之形感深蕩目擊邊篤於臨河瞭清音於式表撫茲蒼

移風易俗之效而知其處者吾黨也最者夫子嘗三至衛矣豈
衛之先信徙之俗漸移流而之風方猶觀政者謂魯衛為望國其失
莫如衛故吾于其迹所至與伯玉史魚交最久抑卿大夫之澤未
衰也故之從此遊無意與樂時蓋聞有僕云吾聞治國之道如其
御當夫桃樂兼自有以均其力而和其心聖人之道不下車即
亦須誠謂從原示普假其器以宏其用徽民之故胡為乎來哉而
衛來庶矣且夫民非只久之可應其所由來者漸矣以子遇之實
其衛而不能去也夫列邦備亂數十載矣豈會日頻而兵爭之道
不息其流極未有已也譏樂農桑流風漸入干戈之會而猶得

流離遷徙之際復見先則序大之道所行如是衰也我復所宗之

燕秦之剝擾鄒魯之秀良漸成零落而後猶不甚淪亡者矣上焉

朱息歷幾傳矣殷等無象而子孫之代猶留天下事尚可爲也必

藏上物今日空傳服賈之風而猶得於戕殺殘敝之餘復睹百物

富庶之會斯何如企慕也哉乘斯庶也十五以下上所長六十以

上：所養而教冶得以精手者矣庶哉之更車中人盡神往不置

云或者謂富教不施而民將以庶見敬然則學若賢何爲遺行而

議加也哉

幾乎窺得綿邈情退則增上規模來中情景一時並列人只曉

得涵蓋下意香正意其涵蓋中不背不觸也。殷含唐　永

求蔘適能。或以爲初日芙蕖。或以爲霽和楊柳。與史賞娛冬

吳鰲元傳誦凡還今料爲收勝無晚處

子與人歌 一節　于蘋

聖人取善于歌人與己皆有無盡之意焉夫歌焉而善焉而和之
之情也自子之必使反而善乃相引無盡矣子識善與人歌哉今於
至彼之衆而入于聖人之意中為甚深者性情之本非從迫以有盡
之事而入于聖人之意中輒與為無盡者意量之不易為盡也嘗見
得○治○書○[illegible]○求[illegible]善[illegible]三[illegible]字
與人歌矣夫歌從善生者也古之人以人有其善而恐失之也被之
於言而詠歎之凡以使其自得也抑以人得其善而恐忘之也著之
[illegible]以為慮也讀○[illegible]
篇詠而修詠之凡以使其不忘也乃子既人歌而善又自歌之一[illegible]
士○讀○歎而善○者○乘記子前○問師乙一○段○來
若凡風若者宜雅若者宜頌若者宜齊宜商此歌之善者也哉

紹衣

貝如墜或則如折或則中矩中鉤此亦歌之善者也吾今
歌不自知其善焉否耶即以為善不知果當下之意否耶使予從否
○別○從○和○之○難○出○必○使○反○之○謂○上○于○取○歌
德之從其歌而和之可以使人之善者失其善使人之善者不救自
有其善佼以音而遇善者皆讓善于予使人之以善而還忘善者
皆就正于予而予則甚樂之而思和之乃予則欲和之而從不還和
○重○乎○折○衷○乎○端○
之必使反之而後和之聲音未辨欲覆數未詳欲求之得求之矣至
一指之細繹則雖聲音備是度數猶是而其懷已一往而逐深矣彼
○迴○心會
嘗此且不諧也然急則畧矣乃姑倘游之姑偃臥之一反其意焉
○迎○顧○歎○字○○○○○○○○細○循○于○字○
我自得焉歌者乃更有暢然于其初者也則予亦必有暢然于其

□之賡歌彼此遂交暢工無已夫一事而小
聲藝。聖人之性情也節奏未審欲倫序未察欲非
輕與往復則雖節奏依然倫序依然而其致已孤約靡窮
夫一倡一和非弗適也然過則忽矣乃与逡回之始玩味之一反其
善之所由合而歌者必更有快然于其內者也則子亦必更快然
乎其內者也從俟謂之醉應而人我愈共快而無憾夫一人必乎
以共快之懷此聖人之意量也子誠善與人歌者哉
題中實理無不曲盡其文勢起接宕潤如白山巨嶺旁已成
是此其中凡莫測其變化之所至。李惠勝

言　予此人　下

本自具曲折。文亦以曲折。出之。方形容得聖人

所至。令人反覆不盡。

子與人歌　一節　　吳華孫

聖人樂善之無窮即與人歌而見其心焉夫與歌而和亦人情之常也乃必使反而後和不於此見聖人樂善之無窮哉嘗思聖人廉以責人者必詳於取善廉以責人者少有所得而止而意已有盡詳以取善者少有所得而猶不止而意乃無盡也吾於子與人歌見之大美公諸天地聲音之微亦有善與人同之量而或中情之寄託者高斯聖人之領會自遠性情動於天籟永言之間亦有默喻其天之理而或人心之感觸者深斯聖人之氣象自殊蓋子嘗與人歌而善矣而其詳於取善之心有可擬議而得者焉僉亦以相期許在我出之

為無足重輕之舉在人當之亦不甚愛惜之名而予與人歌不毋也前響尚留而不覺後音之忽續者以為予更有請也餘音已希而不（必使反者為作雅）覺正聲之又盈者以為予頗有進也蕭疏墜有不盡之藏味之愈出不禁予衷之取攜貫珠有流連之美探之彌永不勝予懷之纏綣矣（刻畫深為）則必俟反之而其詳於與善之心又有可擬議而得者焉迫切以相酬答在歌出之為苟且不經之心在人聽之亦為尋常應接之具而予與人歌又不然也業已審音於往復曲彌高矣吾則循聲而繼以（和字為得妙）當於詠歎之私業已諷諭而循環和彌寡矣吾則按律而躋以嘗未（而後意思一一體會字字斟酌）所業之及欲事每難於已經吾儕倡矣之乃敢托於音以樂高山之

可仰也而音易難於始唱吾停聲而思乃得竊其緒以辨清濁之同
調之而後和之矣意氣激昂者每放習俗之爭而子與人歌之心恬
以心志和者又能禮以志節其沖乎若谷之念無非有道之雍容位置
自高者多樹吾道之敵而子與人歌之心虛以取善者且覺以將獻
其淵然不盡之懷無非仁人之懽摯而人之善與予樂善之心俱無
窮矣

精練

鑄局鍊詞俱極渾成大雅而一種情致綿邈傳人得於筆墨之外
況着縹緲兩兼其勝而體製渾穆落落大方可謂雅人深致

子與人歌 一節　茅坤

聖人之與人歌也、而曲盡其情焉、夫善歌者、使人繼其聲也、故不[illegible]
而和之、其諸曲盡其情矣乎、且夫歌也者、古者太師之遺、典之用教
以發志因感以達情、所以陶性靈而叶風教者也、孔子之與人歌而、二華點過
善固其所深嘉而樂與之者、不能以無和也、和斯陶、陶斯詠、而知乃　逆提和字
歡欣以交暢矣、然亦不可以遽和也、遽斯直、直斯[illegible]、不及雍容以　根起必使而後
盡歡矣、故善教者使人繼其志、而善歌者使人繼其聲、必也使之一
[illegible]再焉、審其歌之、而上如抗、下如墜、雍雍乎若或[illegible]其鍾大之響也　帶首句
行、聽其以往、以復、而抑揚之盡其變矣、再而三焉、嗇嗇歎之而[illegible]　寺語自

首二句寸出之必用作前句寔疏矣

如宮、曲如鉤、纍纍乎若以流商刻羽之音也、行且聽其淫以佚而

不覆之致其詳矣、然後從而和之、若同彼之倡而此之應、而此響之

所及、而我且共之、今詠共之和鳴、殆有所謂優柔平中之教、而一唱

并和者亦善事音句更妙

三歎者已、若曰則之呼而後之、總節其音之所次、且共之詠歎

共之淫泆、繹有所謂燕肉勁正之節、而手舞足蹈者已、當是時人已

錄云宮瀹二句便已急繞人奚必學知

忘而律呂迭奏於一堂、形神釋而金石交錯於四座、蓋必如是而後

字

人善是吾亦從而盡之、而在彼無遺能也、必如是而後人善是吾亦

從而叶之、而在我無遺韻也、吁、聖人之與人善、巽以稱、曲而中矣、司

如此、

人與人歌。無不和者。必使反之。便有無限尋味。此聖之為聖也。

不開口。便振出此意。覺後來拈善拈與。皆是題中蛇足矣。雖〻〻

逆提和字。振起。必使令人亦能為之。高在首句不用一評須排。替

字却于反之內發出。詳略虛實之間。迥越時手萬〻矣。後幅古說

到和者亦與之俱善。串首句。更極巧妙。

子與人

茅

子與人歌　一節　　范允鏋

取善於歌惟聖人能盡其量也夫同焉歌而見人之善和也者容有矣使反者誰乎聖人盡善之量一歌且如是哉今夫善有大小而樂善之心無大小也常人于深微而常見爲淺近至人于淺近而即見爲深微於是焉相與流連往復而不盡其致盖即善之小者而一如乎善之大者之畢取之也甚矣聖人之弘也吾夫子不嘗與人歌乎謳吟之未有開必先觀夫子與人歌似乎以子爲之主而人特從之（原評與人二字亦示畧過）也一舒嘯之情有感斯合觀夫與人同歌又似乎以歌爲之主而子與（題前映和字）人胥從之也吾不知人倡而夫子和之與抑夫子倡而人和之與抑

入神　首句只一筆點過　原評

歌聲徐歇而聖心有動焉則以其歌之善也人歌而善是人之歌矣
〇推〇挹〇和〇之〇方〇得〇必〇使〇而〇後〇之〇神〇于〇此〇處〇寫〇歌〇之〇[illegible]
之主而夫子將從而和之矣雖然猶有待吾已得其聲矣而或者猶
〇所〇謂〇虛〇處〇實〇之〇處〇虛〇也〇
未得其節也吾已得其象矣而或者猶未得其情也苟其率焉而和
毋論近乎矜長炫能之所為而畧觀大意其善必留餘而未盡吾已
得其全矣而或者僅當其半也吾已得其故矣而或者尚蓄其新也
苟其遽然而和毋論失其從容懇至之虛懷即彼此若一其善亦扞
格而難通一子若曰爾歌詠善也吾將予和予為予反而人顧讓善多
及也必使及之歌猶是歌聲亦猶是而觸于聖人往而不厭之情則
効其能而莫之或斯斯時予歌其一而人之歌已再也人若曰吾歌

已爾也吾為子反子為子和夫子乃徘徊不去也而復和之歌猶是
善亦猶是而觀于聖人求而有獲之念殆與物俱化而無所容其心
時人之歌尚爾告而予之歌已三復也凡以見吾夫子樂善之誠而
畧分於結束一見他人畧嫌呆不及矣
已矣夫歌也等其小焉者也而流連往復且猶若是矣況其大焉者
乎
原評
樂善意要從攝入來不可推廣開去至歌字說得精微幽渺以此
擬高聖人反看低了聖人也於小中藏大愈淺近意味愈深長 呂
無營
首句一筆點過急入和字逆振反字隨換出所以必使反而後和

之妙。却、即、于此處、寫歌之聲。實處皆虛。先後幅亦筆〻綰定當妙。許得〻歌一反一和。如尋環之無端。如貫珠之纍〻。靈氣欲飛當之起舞。讓善勿及句襯出必使添毫之妙得之意外

子與人

范

子與人歌而善　一章　　曹一士

聖人之善〻也長、雖一歌不敢忽也、蓋與人歌者必和而子必和於使反之後此我子善〻之盛心也夫今夫歌之為道微矣其曰獨瘵瘖歌者君子之樂得其志而勿以告人者也其曰一倡三歎者君子之倡予和汝而莫逆於心者也乃自聖人有歌而天下幾

天機二比寫

無善者矣然自聖人與人歌而天下始有善者矣眾籟方寂之時

得聖〻人意境極微妙入極自然啟[illegible][illegible]不[illegible]動[illegible]而淡通聖

聖人亦休乎天鈞而不與一旦出乎口而入乎耳則人官有能皆

人全體如揭

非無動於我心者也既已歌矣猶且任其自作而自止矣乎工歌詩不類之徒聖人固擯之門外而不屑若夫進乎技而入乎神則鼓

國朝文選　上論　江南松蘜宗師考卷　松筠堂

之舞之皆其難愬於斯人者也既已與人歌矣得勿愛其有倫而有眷者乎是故歌則必和者歌之常而予於此則有異和之即於（剔、醒、使、）歌之了（反）始者與人歌之常而予於此則又有異予蓋色爲之動也（傳神）神爲之凝也若曰善哉有若是之宜風宜雅者乎哉我不識子之（王耘注中數層無所不包無所不化具傳神之古）嫻習於未歌之先者其攻苦何如也而久之而音響得調焉又久（筆）之而節奏得齊焉予不爲我歌我幾失予也予一爲我歌我尚未能盡了也我歌可乎其又以聲爲瑱也則有敬以聽之而已矣善（練快妙轉和字鋏熟一筆縮歸使人）哉有若昇之中矩中鈎者乎哉我妄意予之引領於同聲之應者眞相得益彰也而無已而宮商再叶焉無已而抗隊再宣焉我始而得子之祖尚未敢裁賡也我繼而得子之情人不容終默也哉和可乎然幾少遠緩之而亦無能為役而已矣此子所以必使反（王龍溪心齋[illegible]而出以高格[illegible]使人[illegible]）之而後和之也以拙歌而加於善歌〻以善或使以思以善歌而（也消）蓋於善歌〻之善若使人忘其善善有時而出忘於善無時而伸也子故以反之者仲之人獨有其善而後我歌亦不至於無以不（陳[illegible]……精士反而不[illegible]）知其善而縣許之歌者當以為不情明知其善而始置之歌者必（之貴）因而中倦失於不知己者異日可以復奏失於知己者一往不可復留也子故以和之者留之我共有其善而後人歌亦不至於遺（無限含蓄）音故曰自聖人與人歌而天下始有善歌者也嗟乎獨歌也與哉

就題刻畫言恢之而彌廣思按之而愈深　原批

不於本相外稍溢一語而神味無窮應門作後又得此必傳之作豈非快事　王范之

取善與義只從題中涵詠不於題外恢張氣芬椒蘭音繞梁欐且平坐大許為色香態度俱備誠為貴音　李坤四

聖人善與人同隨在取與只一歎之善而全體之善應已不必撤明題面尋出一番邪廊議論也大於必使而後四字沉吟審詠而從中從容懇至謙遜審密意無不涌現聲希韻遠聽者不相語而相知其伯牙之琴弦乎　王之醇識

劉士弘

子與人歌（論語）　陳東旭

子與人歌

四川舊學院歲入　陳東旭
岳池縣學三名

欲知聖心所樂與者當先觀歌之在人也夫歌雖人之歌而無之者吾子也豈以一歌而忽諸且夫聖自為聖人自為人其勢不相及也而其情未始不相屬蓋天下無可外之人即聖心無不可與之人故雖一吟咏間出自他人之口者初非同調而入自聖人之耳者宛若同声直偕吾子相維繫焉矣曠觀宇宙之大而見夫浩落者則在有高山流水之致此吾子之襟懷也流覽品彙之繁而見夫時行物生者隱隱有陽春白雪之趣此吾子之意象也是奚有於一歌之微哉試即以歌論歌有其声也而亦有其律備

著眼奧字

大陳墨法

是究声律於聖人之前亦難言矣則予或獨寐寤歌已耳而何有
於人歌有其文也而亦有其情獨是論情文於聖人之前更難言
矣則或行歌互答已耳而何與於予抑知歌者人也而與人歌
者因緣有吾予在也則予與人歌有可誌者焉人之有歌也微論
在人之歌不過適成其為人之歌即使在人之歌非他人所能有
之歌亦第為人之歌耳然以聖人之心而觸於一歌之頃則雖偶
爾之歌謠已不啻全体中微露其端也而寧或輕視此歌也哉抑
予之與人也微論歌之在人不過成其歌之在人即使歌之在人
並不可多得之他人亦第歌之在人耳然以一歌之微而觸於聖

人之懷則雖無緣之詠歌已下意無窮內偶引其緒也而豈至忽（乎處有神會迹）想此人之歌也哉夫絕山之吟久成絕調在歌之發於人許詎歟於抗聲按節之間以自鳴其得意猶蘭之操世之知音而乎之者人歌也何不可於一唱三嘆之下以別寄其幽心觀吾子之樂善其真不虛此與人歌也夫

以夫子作主人翁播弄人歌撩縱與字自與下文兩層消息微乎波瀾漾

題甚仄耳次卻將歌字括開於一班處呈露其全豹落想絕異小家領無一

子與人歌而善　一節

歲覆潼川縣學一等三名聶大偀

聖人樂善之懷有見於歌詩者焉夫善歌者而與好善之聖人同歌哉反之和之而得其善之詳焉此聖人之大歟聞之大舜之善與人同而其後言之善者禹拜之德之善者丹土之休哉古聖人好善之無已乎顧善量之在人也每易掩人之實善量之在己也每欲暴己之長吾嘗紀歌詩一事以著聖心之宏以觀聖人之大豈令夫聖德兩化而一神而樂善不倦乃著其端於等非柔遜祈招之會聖人精明而應妙而慕善若渴乃暢其機於猗蘭操鑰河歟之先夫不見子與人歌也乎肆直而慈愛者宜歌商溫良而能

斷者宜歌齊其調諧於一室其韻可參之同人小善之足錄也師一歌而引商刻羽襍流徵焉煌煌乎和聲以鳴盛也寬靜而柔正者宜歌頌疏達而恭儉者宜歌雅其理涵於人心其用實著於絲竹蓋端之發見也聞一歌而如抗如隊如貫珠焉渢渢乎太和之元音也善哉歌也吾子取善之意不且勃勃其莫遏乎吾子與人爲善之心不幾油油其欲動乎雖然彼善甫宣而我賡之是躁也彼善未竟而我掩之是競也子蓋必使反之而後和之也善歌者使人□其聲當長言嗟歎舞蹈之餘善歌者不自知其善而吾子公其盡美而盡善也由是暢其氣焉因而窮其神窮其

欲其理於此見聖心之不敝焉勸歌者欲其俾勿壞德言志依詠和聲之久焉歌不足以成善而君子慕善之誠乃欲其善始而善終也唯是勸其情矣從而悅其性悅其性矣從而竭其才於以見聖量之廣大焉斯時反者幸和者之爲我乎也而情與俱深和者樂反者之爲我盡也而趣與俱永相忘於悅志凝神之天而已矣夫古詩三千五篇取其可歌者三百十一篇君子彈琴而詠先王之風豈遂無一二知心倡予和汝者乎而或以爲齊謳吳歈楚豔則非也吾黨特書之使聖人大公無我之懷足以善世而不代者曉然共著於天下也

歌詩立論根據獨精文筆典重則自枕葄中來

子謂子貢　全章

江西宗臺觀風　新城縣學一名　孔毓功

聖人之激而進賢者，所以啓其弗如之心也。夫賜弗如回，子知之而特恐賜未之知也。孰愈一問，而賜果自知矣。予能不深與之哉！今夫聰明之士，聖人之所喜，而亦聖人之所憂也。其喜也，喜其才之易幾乎道；其憂也，憂其高自位置而往往有上人之見，而不足以與于道矣。是故聖人責微權焉，則必將使之震于其名而爽然而自思，則必將使之暢于其中而皇然而不自恃明，能恃使之驗于其心而悠然而自知，且抑然不恥于自屈，而終不至于自畫。若是者，吾于子之謂子貢也而知之。夫子之貢者，聞之博也，知之敏也，其嘗存愈人之見者

此下奉辭

云示千寸謂下有數許的

用　狀聖玲瓏

耶其視天下之人皆非其所欲望于賜者耶其于學問之中每攬不
如己者而輒覺賜與所為弗如者即爲夫子微窺其隱而忽而謂之
曰女與回也孰愈是則使之衰于其名而爽然而自愚者此也今夫
賜之于回也豈其愈之弗不能如之亦豈其不能如之而且不敢于
望之此其故于非不知之也而特患賜未知之也然而賜已知之矣
而乃賜于其中而皇然不自持也而回賜之弗如回也則以聞與知
驗之耳同一聞也以知十之回與知二之賜較探索不密者回也而
賜必有待于推測則弗如然絡絲縣者回也而賜僅能究乎兩端則
弗如是望且不敢而敢曰愈哉噫天下之敢于望回而自負無幾如

回而幾幾乎其欲愈回者非賜也耶而今乃為此弗如之言也賜淺矣哉不自諉矣賜并將不自畫矣而乎能不深與之哉且夫弗如者弗如者所必經之境耳賜而自謂愈回將終其身必不敢望回聞始之之心限之也而乃遂同弗如也賜自知之明也縱今日之賜未嘗力追乎如正亦無妨于弗如也點而如者又弗如者所必企之數矣賜而自謂不敢望回夫安知其後之不更愈回則弗如之念啟之也而乃不恥乎弗如也賜自屬之勇也得他日之賜又寧肯自安于弗如而不力追乎如也歟後聞性道之教得一貫之傳賜也回也如耶弗如耶

其于題而有節流通觸手皆成靈境惟叙嘗自言為文必思濆出己意不苟徇于流俗真士之超軼絶倫者也

子謂子貢曰　全章

乾隆丙辰湖北程英銘
元

自知明而知漸開聖人始終進之焉夫賜之穎悟愈人多矣以回視之弗知也賜知之而求進豈終弗如哉此子所為引其機而徐導之也且學者之患莫大乎志欲上人而心無獨覺抱質以遊其不至昧昧者幾何矣惟一堂衡量之下虛其心以自鏡而志不匿（課○虛○叩○寂○神○貌○）其所短斯厚其力以相勉而人樂取其所長聖賢期許之意固不（畢○現○莊○根○人○領○味○不○到○）（卻○向○穀○中○虛○處○著○筆○況○思○凝○慮○蘊○味○深○）僅在區區優絀間也昔子貢在聖門固所稱敏達才也彼審甘自信弗如人哉然學必求其可安撫衷靜驗終不能職未至者而強（逸○文○通○自○知○高○）以相襲倘諱寸心之獨覺即方人風員而明已適於返觀一物莫貴

乎借鑑兩美相形自不禁覯尤美者而望以為遜設抱微長以自
矜即億中徒勞而力轉爵于進取子于是頤于貢而微叩也天下（反通自然意）（神行）
高卑殊覯者仰望彌遙幾欲攀躋而無從矣維賜與回諒非其倫
（二比點次間濬休哉衆合）
雖諳力所紮高下原不能以預定而分量所至方寸實無容以矯
誣孰愈孰否其勿隱哉賜于是聞聖言而若驚也天下品量相懸
者瞠乎其後不禁怵他人之我先矣以賜望回賜則何敢推測無
煩而回已源流之畢貫睿智有限而賜祗一得之微明知十知二
夐乎異哉夫苟撫聰明而自炫望修阻而如疑吾已不敢謂賜之（頓挫上下通体俱灵極淋漓盡游）
斂如夫回也又安敢謂賜之能愈夫回也然心下而氣自平神清（衍之妙）

論

而志益奮吾即不敢謂賜之克愈夫回也又安敢必賜之弗如夫

自在流出豈哉對之瘡

回也此子所為然其言而不易一語也吾人自知之明倍切於其

弗如無何敢望與何敢望處而弗如實也深思

知分數定於淵默而端倪偶露衡量于以不誣其孤情獨照者究

精刻用筆更深入微奧

何嘗陽謝陰受以博此偽謙之美名也弗如也此又子所為許其

志而不濫一詞也吾人自恕之弊多生於自欺內顧了不異人而

吾與弗如句正是猛

景行上哲借徑即以牖明其虛懷若谷者何不可通幽達微以漸

脊梗氣語文特分外精神

掉筆提若有神

臻融合之一候也吾與女弗如也夫寧必賜之不敢望回而回之

吳子喝捧如在

終愈夫賜也哉是知聖人立教必先微引其機一為省惕而精神

兆愈一問文將首句對收不類仰面貪看回頭錯應

倍振則追聖軼賢之思莫非此提命之殷所鼓而進賢者自治必

識其分際。自相業勵而智識漸開。則彀入心通之境。莫非此下
及之。念所躋而升。此子貢一貫所由傳。而性與天道所由得聞也。
斂彀香色味於清虛淡遠之中。理真脉細。直湊單微。此文品之
最高者。主司原批

鎔化註中。自知自屈意。而出以高渾。墨痕俱化。一片神行。士 唐端
冥會是神。故能超超出象。然卻循自然節次。逐句運思。逐字搜
與是真先輩家法。通脉心意閒澹。愈微愈妙。解此用華便無委
躡蹈空之患。亦無拙滯呆板之病矣。秦季封

子謂子貢 程

子謂子賤　節　　　王紀

賢者之德成于人，聖人嘉其能取焉。夫魯固多君子，而能取之以成其德者何少也。若子賤者，不誠足多乎。且夫人于德業既成之後，旁觀者未有不從而難之，顧其得力之有自，而非徒恃一己以為之，自有不必代為之諱者。使徒樂道其後，而不原其初，此適足以長學者浮囂之情，而不思自砥于集益之地也。吾黨有子賤者，生于魯，長于魯，幸得聖人以師之，其生平之矯然自好，遠大為期，固為及門之所素知者。乃與之同學，而但覺其詣之日以醇，品之日以峻，私心竊異之。至吾夫子一旦稱其為君子，而又竊幸魯之多君子，然後知其德

只領取字大意，無君子一層絕不照，嘗得輕重之宜。

直入題甚。

出此八股。

原評：子謂二字為眼，獨高。此段極得正脉。

一直併提，注重在下。

本朝考卷含真集　論語　涵碧齋宗八

之所由以成者無非善于取益也今夫人之為一事而無其助者則（此下渾發取善大意不着于○迹）其為之也必不力有人焉偕我而為之而吾取之將〻以自策則耳（二比總空發取○字下方）目于以日新而心志亦為之樂用人之為一事而無其準者則其為（貼定君子○虛○實○整○散○此○間○章○法○亦○化○）之也必甚難有人焉先我而為之而吾取之一〻以自繩則出入圖非成轍而觀摩不惑于他岐況乎學術之大初無止境每以相形而益進性命之微苦不自知尤以互檢而有功其亦安能不有取于人（與○交○兩○意○亦○自○新○穎○）也哉獨是有取之者則必有與之者與之者多可藉以不孤亦與之者多可嚴為決擇也假令潛修一室而環顧不免有離索之憂則尋（而○環○容○激○）師千里者勢終覺其勞尚友古人者情終覺其隔何如衆哲當前而

在我之相觀而善者亹亹焉欣其至便也乃貴有可取者尤貴有能受者所受者宏斯無歉于己亦所受者宏斯不負乎人也假令厠身士列而在外徒矜乎結納之名則相規以過者不能强之以圖新相勸以善者不能代之以卒業雖以羣賢萃處曾何異于則傚無人者踽踽焉守其故吾也若子賤者生逢勝地父事有人兄事有人固可取之而不窮念切觀型始而希賢漸而希聖寔能取之而不倦夫子曰有是哉若人之得至于斯也不已居然君子乎有是哉吾魯之素多君子也否則將安所取乎蓋嘉若人之成德兼幸吾魯之多賢而且慨然于世之欲為君子而無其資者為足惜乎雖然生于魯者不

（原評二比開闔盡致只歸重能取）

（遥接子賤）

（原評方點清題句）

（此處如題）

本朝考卷含真集　論語　漱碧齋

一人長于魯者不一人何以取之而成其為君子者于賤而外未嘗數數觀也夫物以所產為良器以能利而善古今來奇偉卓犖之士其得于師承者往往而是而要非其人之克自取益者亦孰得而強之也哉

（歸列能取反結尤振）

着眼于謂二字立身題外只透發取善大意最有識力而文氣亦清挺不凡　原評

捉定能取以題面就題意先點後講先講後點離合斷續別有匠心與一切描頭畫角者相去遠甚　潤川

子謂子　王

子謂子賤 章

王步青

德以能取而成，聖人固寄望於魯焉。夫徵子賤之已久矣，不知其取之足矣。然則魯多君子，夫子豈惟為子賤幸耶？且凡一士之生，天欲陰厚之以為風俗勸，則非獨其材茂也，蓋亦有構成之藉焉。故士苟幸生文獻之邦，固亦之孤立無助者所深望而不可得耶。奈何泄泄焉以貧窶之累為常也。晉夫子聯言我魯（領異）每懷（高遠）至道之思，則以見世澤之留貽；不以友沒世夫，從慶得朋之盛，則以知吾黨之遊儕非輕，而或者自棄前修，甘心頹廢，不亦惜乎！一日者顏子賤而色喜也，曰：君子哉若人！始吾異其年之少也，挺然不安於俗抑然從長者遊也既而知其學之勤也良朋樂與之處歸告同以之消也今而歎其德之成也強立之候與平樂群敬業之初而鳴琴之化幾忘父事友事之力也嗚呼此吾所以一預若人而不齊君子偕來之衆也且夫若人之得生於魯豈偶然哉念我國家尊賢敬士以來所以長養人材而樂育之者惟恐不至故山川靈淑之氣蜿蟺鬱積流傳至今而文武之道在人元公之澤未斬不少奇人傑士修明禮物者時一震發焉以若人生長其間又能勉自濟厲無負天之所以篤我於魯以追諸君子之後人小其從容陶冶以至於斯亦固其所耳有之惟桑與梓必恭敬止乃知斯人

其於桑梓之樂何如也魯無君子者斯焉取斯夫不生僻陋不知
文物之可懷也不念獨行不知應求之難遇也我儕故可奇尊崇
檄士之貽而悉以供若人取攜之便藉令生長於茲者人盡切劘
以成其德豈惟吾道之幸抑亦邦家之光則何至以生人之所不
易得而自等於孤立無似者之甘心頹落也耶此吾既以賀若人
之遺而益以見吾黨之風流未艾後之君子當何如自愛也

文氣易運文情易入。難其筆落秀生真得空青結綠之妙海內
可與談此者復何人耶。儕六雅
從註中一因字着想而子賤尊賢取友意含於隱緲香吐闡得

子賤

子謂子賤　一章　其一　王步青

德以能取取而成聖人因寄幸於魯焉夫微子賤之能取幾不知有取之足幸然則魯多君子夫子豈惟為子賤幸耶且凡一士之生天欲陰厚之以為風會勸則非獨其材茂也蓋亦有相成之藉焉故士苟幸生文獻之邦固世之孤立無依者所深望而不可得即奈何泄泄焉以賢豪之聚為常也昔夫子嘗言我魯每懷至道之思則以見世澤之留貽不淺友數士夫私慶得朋之盛則以知吾黨之遺會非輕而或者自棄前修甘心頽落不亦惜乎一日者了子賤而色喜也曰君子哉若人始吾異其年之少也挺然不安于

俗抑然從長者遊以既而知其學之勤也良朋樂與之處鄙吝

以之消也今而歎其德之成也強立之候異乎樂群敬業之初

鳴琴之化幾忘父事友事之力也嗚呼此吾所以一碩若人而不

當宓子偕來之衆也且夫若人之得生于魯豈偶然哉念我國初

尊賢敬士以來所以長養人材而樂育之者惟恐不至故山川靈

淑之氣蜿蟺鬱積流傳至今而文武之道在人元公之澤未斷不

（六一公得意之文）

少而奇人傑士修明禮物者時時需發焉以若人生長其間又能勉

自淬厲無負天之所以幸我于魯以追諸君子之後歷則其從容

訓治以至于斯亦因其所謂有之惟桑與梓必恭敬止乃如斯人

（縹緲又縹緲）

其于桑梓之鄉何知也。魯無君子者斯焉取斯。夫不生僻陋不知文物之可懷也。不念獨行不知應求之難過也。我魯數百年尊賢敬士之貽。而悉以供若人取携之便。藉令生長于茲者人盡切劘以成其德。豈惟吾道之幸。抑亦邦家之光。則何至以生人之所不易得而自等于孤立無欲者之甘心頹落也耶。以吾既以賀若人之遭。而益以見吾魯之風流未遠。後之君子當何如自愛也。

神來

無限低徊

絳雲在霄。舒卷自如。　張銅仁先生

文氣易運。人情易入。難其筆落秀生。真得空青結綠之妙。海內可與談此者。復何人耶。　儲六雅

子謂子賤 一節　　石曰琮

德之成也有由能取斯足貴矣夫使子賤不能取昔雖多君子曷足貴乎故夫子非徒幸君子之多而深慕若人之取乎嘗思學人自命詎肯碌碌因人甘從師友後哉然而人生德業半藉交游苟令離群索居仍足自豪而獨行踽踽亦未可云盡人之幸也說在夫子之謂子賤矣以為吾門有若人同魯一君子也久矣夫象君子之所取而資焉者也假令魯而無君子人則鮑家之高士免繹之名賢奚所諮而宛焉詩書文史之英誰與共遊洙泗之斷斷者予何考德而問業焉二三君子孤芳落落亦祇自悲已幸哉魯有若人早已成為君子哉

翻起

君子無所取 是反打之法

顧吾子若人猶有慮焉蓋年來學貿壯氣而傲師友恐或不免然必
非君子而後可也若人早歲學成居然鄉邦之彥夫豈悻悻焉挾明
同志而獨善至斯且年少服官倖宦成而薦交游人情類然、必非
君子而乃爾也若、鳴琴奏績名矣宗國之英夫豈落落焉絕地良
朋而自儆若斯是亦必有所取以致斯也則君子之力居多也山川
鍾奇毓秀至今猶存其盛人賢小賢甲若庵置以相待焉問來山湖
永多士不猶濟濟乎庶幾哉將伯助予不必出桑梓而呼之矣祖宗
尊賢養士至今猶食其報良則勝友如雲預紹以貂資燕問鐘鼓管
絃流澤不衰奕奕乎庶幾哉仰須我友不必望他邦而借之矣辯非

然者風雅云亡矣縱使黃墻如見而精微不能體揆非不殺伐木也（二比叢點二句止而）其如友聲不應何一邦國珍濟矣徒使風雨相思而學問終難選贈非不占同人也其如出門有咎何而若人（微述正意）何幸而所取者之多也嗚呼海邦人文自昔盛矣一切庸耳俗目誰復知悠悠上伴水大有人在取（結到子賤能取方藏）之不一而足也然則不遇吾人焉安用君子哉（遞頂之藏）

父事兄事子賤一生得力全在能取夫子因其德之既成而反覆賛美之重在子賤能取之以成君子之德非徒幸魯多君子足供子賤之取式著意在能取上便已驪珠在手筆勢翻斫飛騰殆欲馭風乘雲而遊于大空者乎

子謂子賤　二章

顧太尊科試晉江縣李　楷濬模
童生三覆第三名

德之成者深足嘉器之貴者亦可許也夫君子以能取而成子賤良足嘉也子貢以己為問擬以瑚璉豈溢美哉昔夫子以天縱之姿符玉書之瑞固不磨礲而精不廟廊而貴也而生平樂育為心

雋品　草鍊名貴

吾黨分其緒餘焉是故賦他山以自淑不恃獨造之功登清廟以揚休居然三代之品論列之下其相因遞及者亦一堂媲美也曰

提筆大方已定一篇之局

昔子貢在側夫子忽於子賤有蒲懷也顯標一純儒之詣以寄竊思覺孤懸其品神往其人而鄭重今明隆其稱於東山泗水明指夫師友之力以相許與覺深嘉其人　其遇而遲疑顧慮懼抱

慨於離群索居其曰君子哉若人乎虛心以成大器也復曰魯（標無痕）無君子者斯焉取斯言賢友之益不可少玉成之資不可棄也子於斯時低徊贊嘆蓋有餘思云夫子賤當日亦嘗以己為問而子（若起下節草蛇灰線）稱之若此豈不謂儒生以砥礪為功抱璞無成每起於鮮侶國家以人文為瑞蘊玉生輝猶資乎攻錯幾見草廬有成德之器儼與瑚璉並觀不登於廟堂乎謂之曰君子究子之真出矣究子之品（逆應二筆恰好落下章法老成）（伏來）定矣當亦在側之子貢一聞之而不能自已矣而果也皇皇其有餘思也瞿然急於自鏡也作而曰賜也何如蓋鰓鰓焉未敢以君（緩帶滑妙）子自期而必求証其為何若人也迨夫子許以器更作而曰何器

子謂子賤　合下節

汪太宗師州試惠安學一等三名　吳振蛟　潛非

嘉能取之君子達士亦魯之君子也夫子賤以能取而為君子矣而賜亦為瑚璉之器故曰魯多君子也蓋吾夫子設教於魯魯之學者

元氣鈞陶

莫不宗之一時薰其德者皆有以自淑而至學焉而得其一體者要皆可用而不可置可貴而不可褻以自底於有成則子賤與賜其著者也子嘗謂子賤矣于賤君子人也少長於魯而又於聖門最少其於聖門中數日之長如賜輩者意必折節事之而因以自廣故為君

鎔鑄之工青節之堅俱於是乎在

子人也誠知所取也學問之事常取乎在己以己之銳若足以自砥也而攻玉之具亦時取乎他山以器之利者足以善事也周旋諸君

子之闕而卽爾諸君子之列吾多魯之君子而尤多子賤之能取諸

原○評○老○蒼○

君子也乃若子貢者寔為衛人而從遊于魯於是魯之君子々貢亦遂分一席焉知是聞道大遠莫雕莫圬之材達可從政不止一官一

簡、淨○蒼、秦

賤之嗩夫賜器也賜何器則瑚璉也置于清廟明堂之内而聖天子為之斂容焉于駿奔裸將之際而百執事莫之敢玩磨礱若非一日固將歷久而彌新韞藏若非一朝更將一發而莫掩夫賜非凡器也夫子許之矣魯有欲成其德者必於賜取之豈魯有欲光其宗廟者

恢○起○講○應○精○

而不於瑚璉取之哉君子於是嘆賜與子賤之幸也得大聖人以為

氣○肉○堅○而○爽○華○外○含○矣○

師真敞所取之無極親大聖人以自勵寧患王旅之不遂子賤固為

魯多一君子矣而賜亦宜終置斯器於不用乎設若貢也不器之謎擲子以君子許子賤而徒器賜遂欲上下於其間則非也蓋賜固分魯君子之一席者也

汪大宗師原評

猗蘭泉之猗靡蔭脩竹之嬋娟

業師李月階曰兩節不相綰攝則無法若妄分低昂則兩賢未安運掇亦不斟酌題旨者矣猗以古而練以古音澤以古色而經之之間復以銖兩稱之初閱時決其必掄榜放莫不以余爲知言

子謂子賤　二章

江蘇張宗師歲試　丹陽縣學八名　馬道傳

聖門褒德以程才其成之均非易也夫人進於君子器擬諸瑚璉德與才各不凡矣即吾子之嘉許而識子賤子貢昔夫子抱不官不器之謨設教東魯而四方懷奇而至者日進天也人也交修而互勵焉久而瞻焉頹之砥礪深斯昭質著惟是德與才之各有成也則遂深嘉之亦樂許之（文情古澹）蓋魯衛之間先王化澤之所萃而地多名勝高山大河相關英才實鍾生之乃洙泗則其類聚也吾夫子（高唱）當評騭論定間於子賤不能無感而於子貢又早深相知矣士人亦知砥行立名而興嗟予伙將言無聽而唱無和保殘獨焉固其

（又句法深秀）（層疊重子戰得古青）

宜已乃即齊名邦與賢者比肩林立而又以封已自多過之弗顧其所漸劘者未深學人競言握瑜懷瑾而徒事虛聲將絕以落而措以濡染泥塗焉問其所已乃即供貨取為當世利用前民而究之非法不貴實也幾何其所造就者亦淺乃如子賤魯人也其年方甚少誦法被服之未深而窺其所成立固儼然君子矣非以師友淵源濯磨有素故哉何也彼蓋有取爾也至若子貢以衛多君子而求學於魯此無論結駟連騎素與列邦之賢士大夫相友善而杳壇之上自足磨礱攻錯以若望圭璋其成才也與夫子賤之成德也所自來大略相等學無常師者吾子也訪禮於聃問樂於

（不滲太而層轉次）（錯綜）（挍眈歷落入古）

卯更云含魯何適幸也鬱旂鐘鼓之澤尚得以今日之儲英毓秀而沃我門墻此亦如彖菑元龜堪壯大東之色者考德問業此其（設色濃郁，各切本事，不同雜然拼湊。）藉也而以成一時之後當亦為躊躇而滿志矣懷寶未試者吾子（得稱許之神。）也斗筲者庸轀闒者棄誰復與古為徒幸也夏忠商質之遺尚得以吾黨之玉琢金追而窺其寶貴此亦如黻冕冔冠堪留明聖之緒者清廟明堂此其選也而以追三代之英當無復觚轉而自疑（寫清子貢出問。）矣蓋聖門成德達才體用雖分而天人交致無殊也君子哉若人夫子獨有心賞焉子貢曰賜也何如殆亦見謂子賤者而欲以自進歟然而瑚璉器亦遠矣

考卷扶雅二集

吐屬致雅。如東晉文晚唐詩。無纖毫塵土氣。前二比。從上節中補出能取一層。恰與子貢節兩層問答相對。渾然一片神行。而題與惡達何嫌鶴頸長而鳧脛短耶。

子謂

馬

子謂子賤 若人

晏君掄

賢者之品獨隆其德優優也夫君子之品不易成而其名亦未易副也予子賤之德優矣予故為之神往云今夫人未問其才之足以經世也而先求其德之足以淑身亦不遽求為鄉國天下之所重也而先欲見重于吾黨蓋人以立品為貴而品以德成而上進其德優斯其品貴而後見重于吾黨即見重于鄉國天下說在夫子之謂子賤是已夫子賤之在聖門固恂恂篤學不倦學為君子者也其後出宰單父鳴琴以治又以君子之治治人也而夫子于此眷眷然懸其願望之意者有以發其忻喜之詞曰我思君子我念若

人矣人必有不甘自棄之思而後品望有日尊之勢夫品詣以人而

本句實義發揮

下不分于天姿之優絀而分于人事之惰勤甘居下流而不知則

警策

情氣勝而品斯下焉以此知勤敏之有功也由其品望思其勤敏

一切暴棄之思若人胥泯之矣人必有不敢自滿之意而後脩能

有日進之機夫脩能之成敗半由千年力之強弱仍由于一念之

交搭下意有匣劍帷燈之妙

盈虛好執己見以自是則矜氣隆而功日退焉以此知虛懷之有

益也即其脩能想其虛懷人世滿假之意若人舉忘之矣學問之

道非可參之以妄鼓歆誦讀皆有主一之精神焉使無一之精神日

卓犖　紆餘

與吾之德相發而後其德愈擴而愈弘今即若人之德以觀其成

其精神固專而不雜也儒者之功不貴震之以才出入起居咸具深沉之器量焉使吾之器量日與吾之業相汲而後其學可久而可大今即若人之業以考其寔其器量固深而不浮也吾之不有君子足勝厥任日懸其語于意中謂苟有志者當自勉耳而今也幸有若人矣吾道庶幾其不孤一世運不有君子孰與維持每奮其望于當代謂先造道者克有成耳而今也僅見若人矣世運庶幾其有賴天不見畀于當于古人求之若人雖愛古人則見若人如見古人矣形既見君子又當于今人驗之若人不薄今人則知若人焉有今人矣何也若人成其為君子正以魯多君子故也宜夫

歿○宏○有○遠○神○

妙○精○關○主○通○矣○

適○飛○

子于南宮敬叔而外獨推子賤也。

悠揚婉約寫本題而下意在即離間清露晨流新桐初引心中味故自濯濯動人

悠揚婉約寫本題而下意在即離

子謂子賤　晏

子謂子賤　一節　大題　黃景昉

原君子于所取友决之益明也夫魯之君子ゝ賤實取之而夫子反謂子賤之君子魯寔成之意微矣今夫聖賢亦在自致耳豈必資人句成名哉使可引而成則亦可沮而廢使群材之途而始有哲士則寡覺之地亦豈遂無純人故論德而取必于所借資非夫子意也然而夫子且以此嘉子賤則何也為之定其生平之品而名之君子原其麗澤之益而歸之魯之君子獨計君子則綦粹矣今使無諸君子當前而介然獨立安在不足發潛德之光今即使有諸君子當前而聲氣不同ゝ亦豈遂能收砥礪之益吾乃知子賤非幸有魯寔皆幸有子

進一層作抑講又寬其

總揭全題

這一反

仍挨題講出後也

這一反便緊貼

取字

表將夫子許子賤正意提明

賤也夫子非欲以無君子者病于賤政欲以取君子者題子賤也而
這二段体認夫子後二句意仍扣著子賤身上方妙
時憲天下有凡庸之資寵且借師心之說以自誤不得不重視金蘭
至認答為主
以明尊師取友之報而特憲天下有滿假之懷遂至棄他山之錯而
不御不得不歸美多士以著父事兄事之功歟既深許之復還溯之
恰是吾子分位
既明贊之後反決之若曰斯所謂總中行而化狂狷之偏乎天地山
完全頭緒
川華君子為一代之華凡以待斯人華耳非是則孤居寡助矣若曰
斯所謂後聖人而居善人有恆之上乎先王先公育君子為王國之
後二句
稹凡以為斯人育耳非是則狷行不進矣蓋夾輔在人雖云有待而
此轉前二句　推夫子立言之意
興而思齊在我終亦不扶自直使人思其言知規摩有法幸而生魯

家見澤之邦固當羅鄉國天下以為友更使人推其意知取與維定即不卒而當離群索居之際亦可即天地萬物以為師然則夫子一謂之意豈徒然哉

最重在上一句下二句推明子賤之能取友以成德也若順題呆講則似重在魯有君子而夫子極贊子賤之意反晦矣此文布置轉折純用逆釣之筆鈎清題緒故診題處少而題外旋繞處多亦有斟酌苦心在也若認作故為幽險一道失之遠矣

東林四集　論語

子謂子賤　二章

江南汰學院歲入
高流縣學第一　楊　允

兩賢皆有所成，聖人如其量以許之而已。夫子賤與子貢皆能有成者也，一則稱以君子，一則美以瑚璉，寧得謂擬之非其倫哉！且夫詰（征捉）莫大於純全，學尤貴於致用，使列在聖門，而德不足以表率（反前），國才不足以輝廟朝，即日與諸友明師相周旋，其足當有心者之（切當）稱許幾何？而非所論於子賤子貢也。夫子賤從遊於夫子爲有年（暗伏下節）（明帶）矣，其亦步而亦趨，固未嘗肯安乎庸鄙，而究不自知其何如也。一旦夫子以君子稱之，誠有見於立身砥行之間，無愧爲杏壇之良（原許文情鼓盪），七宗國之淑人而動之，內修有粹然一無疵累者，豈徒取資於

哉然天下事有藉而成易為功無藉而謀難為力設東山泗水勝
地所存而多士濟濟之風邈焉難繼不發嘆孤立無徒乎茲何幸
父事兄事者之示我周行耶始如一器焉借他山以為攻錯自無
非良也以視結駟連騎而馳轂列國于賤豈多遜哉乃子貢與子
賤同受業於夫子非一日矣其事賢而友仁同無異不深其砥礪
而特未肯讓於若人也及聞而夫子以語許之識有見於言語政
事之際大異夫太璞之常完不材之是棄而落落風期有猶然在
人耳目者豈慼無所表見哉然人之心皆欲舍其短而就其高去
其下而居其上設充其器亦豈抵以終身而法物蛙之蘇遂焉未

遑安能爲世所共寶乎茲何幸如琢如磨者之可光剡其耶矣（切磋又切磋子貢）

（映帶行然入妙）君子焉美在中而外有耀其德克成也以視出宰單父而鳴琴致（風雅法映）

治子貢豈相遠哉然則稱子賤以君子而言魯無君子斯焉取斯

惜之乎抑深幸之也許子貢以器而因何器之詢實爲瑚璉矣

乎猶深望之也子之言同一造就之意也夫

縮合盡致　法陶菴先生原評

對局祛芽穴之纖互映化循題之板妙于翦裁苦心熨貼緊密

康目動中機宜上節中伏下何如下節中須上若人固是映

帶之法然下節何如轉於上節熟出上節若人轉於下節繇也

又是互點之法故結比補點全題更不複點此四字黃孝存

映帶有明暗頓挫有正反文質彬彬如也黃儒酹

子謂子賤君　一節

福建孫學使歲考　詔安縣學一名　鄭亦鄒

賢者所以成德，甚樂其能取也。夫使子賤不能取，魯多乎，予曷貴乎。夫子所以心賞若人也。且天生君子，不偶然也。天生一君子，嘗有數君子以為之輔；天生數君子，即有一君子式乎其間。然則天不生君子，則君子之憂也。聖門子賤，亦魯一君子也，而夫子曰：君子哉，吾魯無若人，則君子之道亦孤。立言立功立德，風流或幾歇絕也。吾魯無若人，則君子之憂將甚。希賢希聖希天，絕業廢誰代興也。君子哉若人，斯固諸君子所為函相引重者也。顧若人年最少耳，令其行能就，豈有識焉而顧若斯其淑者何也。若人仕最早耳，令其才力未優

曷足徑焉而觀若斯其美者何也無他素與諸君子游而取之不一足
而足也夫諸君子方且各為樹品而若人獨衆狀其益假令風雅焉（得能）
人（頃正而）文武之道墜當是時（古僑）優游宗國能自成乎諸君子方且散為邦族
而若人已畢萃之身假令名賢不作周公之德衰當是時生長洙泗
能為善乎吾無君子者斯焉取斯吾乃彌歎羡于若人也夫以若人
之質之學使其（嗣約而息凋）獨立豈不足以自豪顧集思焉而益乃廣若人之質
之學使其素居豈遂足以敗德顧孤陋焉而聞亦寡吾黨門子賤之
風朗與尊師取友君子之德則彬彬矣

呆疏背向不與下截關會則上截是一句題文然犯實又俯侵也

起手提破魯字反借魯君子之不可無若人翻入駕馭得危巧變莫測講下二句人皆貪寫魯多君子正意只一筆才轉題面今獨如題反說亦能脫換熟境若其造語精緻結脉遒逸蓋不愧于玉茗堂稿者亦矣

子謂子

鄭

子謂子賤　一節　　劉巘

深於取善者爲之取者亦難矣夫不取則求其取而如子賤之取則爲之取者其何以副之哉君子哉其亦幸有是供其取者耳且異哉君子之善之無窮期也然遇不嗜善之人而善窮矣即遇最嗜善之人而惟恐善之易窮而又將窮矣故吾不褒人之深於嗜善者其所嗜有能不能而且以歎其所生之有幸不幸爾矣吾黨有宓子賤不知其何所取之而子忽喟然歎之謂君子哉若人也若曰吾恒一見

○君子○句○古○法○○○○○○○爲○能○取○者○用○古○○○○天○室○野○

若人之周旋於吾前也是何君子皆求之衆也則未知若人之從徵爲君子歟其諸衆君子之礪磨攻錯而使若人之爲君子與且大衆

君子之不能以取予之事強人也亦明矣天下之誠然自之者雖朝
而時齋君子久而休者君子左右前後無一非君子吾未見其能君
子也則以其無所取之也然則斯人也固以其能取而至於斯乎天
(清出丙嘶字)
下物之不可取者亦不能奪人之愛而取之而至我之所以為君子
者人與之非有傷於惠而我取之非有損於廉夫且何憚而不取天
下物之不可多取者亦不能盡人之歡而取之而至我之所以為君
子者人與之則出之而不費而我取之則用之而無涯夫且何以而
(博出魯無君子并栖境)
不取而無奈若人獨勤於取迫於取奢於取之者勢而吾怨誰之
者之學反易盡取之者速而喜怨予之者之力反易衰取之者奪而

吾恐酬之者之才反易窮而若人何幸乎何幸魯多君子若此乎則若人雖勤於取追於取前於取而君子何畏乎若人以取也乎一夫以魯先公之培植乎君子者數百年而以魯山川之效靈於君子者數十世而幾幾乎足以給若人之一取焉於家家乎魯無君子乎哉則是朝而游者無君子也夕而休者無君子也左右前後固無一人君子也即欲取之其亦何所取之乎故吾不患游之不工於取也而特患魯君子之無多而無以供若人之取也吾反覆斯人也吾流連斯德也而乃以質若人之遭為不可多得也

出題雖題總非恆境惟其寢食韓歐蘇故用筆能奇爽如此

子謂子賤君　一章　其二　劉巘

深于取善者、為之取者亦難矣、夫不取則求其取、而知子賤之取、則為之取者、其何以副之哉、君子哉、其可謂深于取者矣、且異哉君子之善之無窮期也。然遇不嗜善之人而善窮矣。即遇最嗜善之人而又惟恐善之不窮而將窮矣。故吾不憂人之深于嗜善者其所嗜有能不能。而且以嘆其所生之有幸不幸爾矣。吾黨有宓子賤不知其何所取之。而子忽喟然歎之。謂君子哉若人也。若曰吾恒一見若人之周旋于吾前也。是何君子皆來之衆也。則未知若人之能獨為君子與其諸衆君子之礱磨攻錯而使若人之為君子與然使衆君

劉太史真稿

果能以君子之事強人之為之而天下之訑然自應者雖朝而游者　歷落有古意
君子與々而休者君子與即左右前後無一非君子與吾未見其能
君子也則以其無所取之也夫既無所取之而將焉與之而至于若
人則匪人能與之而已實取之然天下物之不可取者亦不能奪人
之愛而取之而至我之所以為君子者人與之非有傷于惠而我取
之非有損于廉夫且何憚而不取然天下物之不可多取者亦不能
盡人之歡而取之而至我之所以為君子者人與之則出之而不費
而我取之則用之而無厭夫且何嫌而不堅而無厭苦人獨勤于取　神味深雋
道于取貪于取上之有勤而吾恐施之者之情反易倦取之者迫而

吾恐予之者之力又矜踈取之者奮而吾恐酬之者之意反易驕而若人何幸乎何幸魯多君子如此乎則若人雖勤于取迫于取貪于取而君子何畏乎若人之取也乎夫以魯先公積愛養之意培植乎君子者數百年而以魯山川累鍾毓之深效靈于君子者數十世而廢哉乎足以給若人之一取焉苟參之乎魯無君子乎其人則是朝而遊者無君子也夕而休者無君子也左右前後周無一人君子也即欲取之其亦何所取之乎故吾不患若人之不工于取也而特患魯君季之無多而無以供若人之取也吾反覆斯人也吾流連斯德也而乃以賀若人之適為不可多得也

方還正吻

只衆贅于賤能取此是嚼蠟若認真處無君子于賤覓無所千卅

是說夢此章神氣與回也非助我者也同一語妙昔為俗塵封裝

者久得此為之跳掄

子謂仲弓曰

王靄雲

論有專為大賢發者記者微窺之焉夫仲弓之賢人所共知也而第恐知而不知也故夫子特謂之且吾黨奉聖人為依歸莫不自其人雖賢得仲尼而名益彰也雖然人而誠賢縱當時湮沒千載自有定評吾子何必急急以表之特慮其人彰彰在耳目間而卒（下奇在）與湮沒者等此之不可不論也（神光離合中）子一日者環顧及門情若有感而動言若有為而宣而實未嘗明指其人自吾黨微窺之而知其為仲弓發也夫雍在聖門其人則簡重也其器則寬宏也其所長則（翻入論便）在德行之科也此亦誰不知之而猶待吾夫子之謂之哉且子之

謂吾黨者屢矣有面語其人而或契之或叩之或訓之責之者如子謂顏淵子謂子貢子謂子夏子謂冉有是也有不必面語而切指若人以褒之者如子謂子賤是也闡其幽則子謂公冶長揭其素行則子謂南容是也而茲皆不然即子之謂仲弓者亦不一矣可使南面之言嘉仲弓也焉用佞之言答或人也即表仲弓也從未有表其人嘉其人而偏隱其人若絕無與於其人者夫既隱其人矣而繫之以子謂仲弓者何居吾黨蓋微窺之矣論人之不同下着筆句句極高等二引注也不知其人而有待於謂之與共知其人而猶有待於謂之謂同也而所以謂之意不同不知其人者我翁表其賢而已足釋流俗

之疑共知其人者我亟稱其賢而終無以破庸愚之見也夫子意雖注於仲弓而言並未及於仲弓而凡仲弓之賢與夫仲弓之不得終沒其賢者均可於言外見之立言之不一也謂一人而賢不賢專係乎其人與謂一人而賢不賢不徒係乎其人謂同也而所以謂之意亦不同專係其人者我第許其人而其人之賢可共見不徒係其人者我專論其人而其人之賢終未顯也夫子雖言不及於仲弓而意并不獨注於仲弓而凡仲弓之為仲弓與夫仲弓之終不失其為仲弓者均可於言中會之此夫子謂之之意而吾黨微窺之者也不然子論犂牛之子已耳於仲弓何與哉

（下截層層偏著有彼擊倒影之妙）

筆意清矯不羣。元評

白戰不持寸鐵玲瓏剔透筆妙無雙。李雲捿

子謂仲弓曰　王

子謂仲弓 一節 吳竦

世類之未可拘也聖人寓言以示意焉夫用舍而可以世類拘乎卜之不能爲騂角累也山川可信而何疑于仲弓且昔帝王之天下也有至公之道以論定群材有度外之舉以激揚善類是以崇伯殛而禹作司空二叔誅而仲爲卿士此古之時官無廢人殛材而士皆争自濯磨也迨至後世鄉舉里選之制漸失其求瑕索垢之悖動拘于族類雖以聖門之高弟有不免于膺何之指摘者矣一日者忽寓其言于犁牛之子也夫牛之用以祀山川熟矣以崇祭朝之制以抒將享之誠是故必擇

平衍逸進而來是大家舉止

清機鋒

其騂也非列凡取其角也非角勿用也乃不意有騂且角

而卒舍之者矣求其故曰是其為犂牛之子也夫犂牛可舍犂

未必概可舍乎牛之子可舍犂牛之子而騂且角則必不

咲筆煞脫

何也有山川在焉故也苟如世人之論必祀山川者先㕂騂

角而後可不然者施楅衡而敲鸞刀舍騂角無以備物焉而忽從

惜之曰是何不幸為犂牛之子也山川有靈其將吐之乎抑如

世人之論必山川之神先厭騂角而後可不然者介明德而薦馨

許舍騂角無以告虔焉而忽從而沮之曰是無奈其為犂牛之子

以下四比都在言外傳神原評

也山川有知不且笑之乎可知時俗忌嫉之心斷不能奪聰明正

行美淩失燕宋後長
質之鑒騂角無求也山川非私也各協于義之至當者而已矣可
知膺流俗鄙之識何足與言因材為厚之宜騂角非幸也山川無
仁孝搖憑此渾之不與者而已矣然則為犂牛之子計特患不騂
犢子所謂能自樹立不囿術者自奮
角耳苟挺然而特出正不必以人之欲勿用者阻其情而但保
此聊質無虧之乘自可與山川相信于愛憎毀譽之餘為騂且角
志更深入言外
千計并無容諱其為犂牛之子矣既離群而絕類益可借人之欲
若不容何痛意酣出
以勵其志而寄騂此幹蠱積裕之誠何難與山川並耀其
彰
光明之体一塵乎犂牛之子而如此也天下豈有以父之故丟
其子贅句
判者乎維記者微窺于意以為是殆謂仲弓

要泛設筆有餘閒○原評

川作叢破盡襲許鄙猥情見○父名仁乎不得為人乎○語雖

錢。若醫舌也○義理二意極正○不爾○贊輸于主○市琴得名○亦

可為不舍耶○未路策勵騁角尤見指歸○凌九胡兒云○清真跳越○

纖中節之者○漢林

子謂仲弓

子謂仲弓 一節

宋志梁

物以作於類，當為其勿可舍而已。夫犁牛之子而騂角，此山川之所秀也，則任為其勿可舍耳，安問人之用不用哉。且人世間亦安有公

批欲勿用縱論

論心欲其可用之才以與世相遇，而天下倘不能無遺憾焉，此固人情之三也，雖出人情，則誠鬱矣，亦顧其自命何如耳，苟有其具不患

終之，途窮夫子忽有感也，而觸仲弓曰：世系之升沉，俗之衡量，豈

怪在欲勿用也哉

可以……哉，乃天生之人，用之紛紛焉，特一說以與造化爭權良

何脫已若其款，有犁牛之子騂且角其，嗟乎！天亦知人之善嫉也，既生

不世之才，何何并雜珍奇奇族，而傾靡之于眾憎共嫉之處，此亦天

之所以巧笛屬惑而聽其用舍之倒置也而騂角于是幾乎常
其可知矣夫推其心才鮮能之必未知其騂也常恐其騂既知其
（以□句作主然收二句）
騂求角騂且角矣則可以求特達之知而杜譏邪之口無已
其然顯聞其出來而曰章也是固犂牛之子也在騂角亦
安能必多死了待者向山川而為其不平哉顧吾於此獨自有感也
明無賞然不足累所生而必使已之愛憎無處不伸不難文其說
以之文下之聽聞騂角（剝得妙）自拔於耳豈累犂牛之足以累其子哉乃既
以犂牛之子而勿用騂角則必以騂角之子而用犂牛世道之遷流
將不可知矣于不可知之中而忽有所恃曰尚有山川吾幾恐山川

之同于人也則犧牲向山川而山川之明知相通之不禁于相隷而必
何也世之榮辱動關在我自可神其說以附一日之禮遂山川人所
求較前多進寘漠之足以據其柄哉故使騂角之子而犁既所不用
幸之予而騂角又所不用神明之安備無可如何矣于無可如何
之中忽轉一念曰山川舍諸吾備牢山川之不同于人也則何爲
從容山首之雖欲勿用山川其舍諸由此觀之人之欲勿用者適
成其之口耳亦何損乎騂角乎使騂角換其可用而才俟首
下以又竊之加入豈山川之所樂哉
題意本事不舍也此却轉就欲勿用意發論雖非正解而奇警

小題
論語

本鎮壹斗 參

特深 武廿

以勿用句作主 上下五句手法高絶行文更極淋漓痛快

論

子謂仲弓曰　柏永烈

聖人之謂大賢，必不徇乎衆議也。夫仲弓之抑於衆議久矣，非夫子謂之，何以定其爲人乎？今夫人之好議論而不樂成人之美也，往往然矣。究之衆論無憑，要必得聖人之一言以爲斷。蓋流俗每多附和之詞，而聖人自有表微之意。嘗夫品焉評論，未嘗明指其人，而襃貶之界，如是言之，非其人莫屬也。吾讀有仲弓者，人之交口議之也，非一日矣。吾不知人之論仲弓也，即仲弓以論仲弓乎？抑亦即仲弓以論仲弓乎？惟吾夫子不以斷人之譽變失在已之鑒衡，而衆惡必察之心，時流露於論世知人之下，亦以繼世之

淵文為千秋之定案而有善必揚之意存非感於同堂聚首之餘
然而夫子初未顯言也然而吾黨間已微喻也以為子謂仲弓也
云爾大凡聖人之論人也甚恕而庸愚當刻責夫賢豪想仲弓之
名列四科也久矣夙昔功深敬恕卓然居德行之班縱不求人世
之揄揚而何至啟一時之詆毀乎不知古今來泛泛悠悠之口每
新人者不覺為遜不足為疑者而嫌疑參有所莫釋得夫子之言
以發潛德於後知人之謂仲弓者刻不若子之謂仲弓者恕也大
凡聖人之論人也至公而流俗輙私心為特摘想仲弓之默契聖
門也久矣平居學術燦然自負聖門之姿既克邀長者之獎許

[illegible]

瑚璉非可輕程以器而遷地弗良瓦釜不足齊準乎器而如量止

[illegible]

庶為漢臣子之變以持身者爽宏寬以馭世也而登崇所及有以

羅一時之俊彥亦有以全天下之材人才之盛也然天下後先

奔走之徒而一聽秉鈞者之位置器之所在必並蓄而兼收焉夫

君子豈過為褒借哉大器有晚成大器貴以大而功有必登器小

有易盈之識任以小而技無不録乃嘆君子之落落難合者正其

休休有容也而鼓舞所加一人進而上懋立於朝亦衆才升而賢

不遺於野大非倜儻非道不說之君子哉而其使人乃若是則君

子之易事可知矣

漢辭命義俱歸切當洵非浮泛者可比元評

十分暢满而却無寬皮語肌理細膩骨肉之匀工夫純熟之候

叔祖香

骨坚風清虚實兼到徐竹君

子謂仲弓曰犁牛之子（上論）　孫鵬

子謂仲弓曰犁牛之子

湖廣董宗師歲試 入雲夢一名 孫

聖人將有取於大賢而不必諱其所自出也夫仲弓者夫子固一其為南面才也乃忽以犁牛之子寄慨焉或亦原其所自以也且學者苟得聖人以為之師則聖人之所以品題及門者必有當也雖然長材屈下無馭聖人固心焉傷之而空羣也驚駭聖人亦未嘗私心諱之也昔聖門夙號多賢天下仰為羽儀者久矣如顏淵王佐才是不可羈繼者也子貢瑚璉器亦擅輝廊廟者也子路千城選公西華國才皆卓犖不羣昂昂千里之駒也若曾氏一門後先踵美參也固為能子皙也亦為能父美哉世德相承誠

照全節公

聆能如題叔任落韋轡圖

合犁牛

日隆觀勇有閑駈

所稱以賢繼賢者哉夫子于燕居函丈之下時加評隲大都聖言
一出而其人之貴賤榮枯歷歷不爽焉一日者忽讚然而神傷又
若擧節而興嘆有以謂我仲弓曰犂牛之子以爲是犂牛者謂非
不合當代之間者乎觀貍首之斑然不復被文繡而入宗廟矣
犂牛者豈非不中犧牲之選者乎撫其耳之濕濕不稱[illegible][illegible]而
羨騂且角矣不知天地之將鍾靈者謂何而先溷此犂牛也嶽瀆
之將毓秀者謂何而先毓此犂牛也犂牛乎當然哉生之一
嗟賞鑑之不加矣雖然有其子在將謂犂牛而不復生犂牛乎是
元遞轉天運無往而不復之理也疑幾哉爲之子

乎然以虞舜之聖而生嚚訟之朱均則知極盛之[illegible]總

焉而邁種超羣定無望于犁牛之子將謂犁牛而猶然生犁牛之

是極重難返天定自難以人力勝也傷心哉為犁牛悲愈者一

悲乎然以瞍鯀之頑而生明聖之舜禹則知殊尤之產竟然成局

也而蓋愆幹蠱何必不在犁牛之子觀于騂且角焉亦足知非天故

奇其生使此丁剏千古之未有乎而顧欲勿用之乎

以健筆寫虛致雋思高論慷慨激昂　原評

起股為仲弓陪襯妙與下四字映切出題後先將犁牛張抑筆

折落其子筆力嶄然後二比兩意迴環一反照下文二正逃下

意。格俗題得此。的是儁才。張魯瑛

題面甚虛。頗無着傍。即四路襯貼刻畫。于通節本旨無關。與題何涉。文巧不從不搭不淺不濫。而詞致輕圓。不愧黃絹幼婦。張儼安

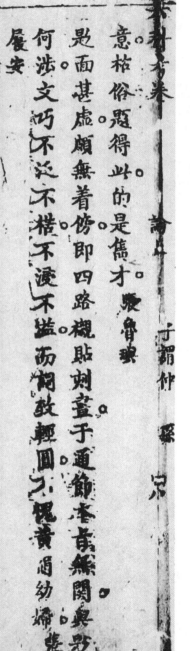

子謂仲弓　一節　　熊伯龍

觀聖人論物之不可舍者，而知用于人者之非由人也。夫苟有當于山川，雖犁牛之子可舍乎？人亦自爲其不可舍者而已，而用不用奚論哉。子盖有所感也，而謂仲弓曰：人生世上，苟非有確自表見，非之議之而不損者以立于天地之間，其不爲悠悠之口所推求而屏棄也亦已鮮矣。物亦有之，彼犁牛之子而騂且角者非乎？謂之犁牛，則無用可知矣；其于騂角，則有用可知矣。秉形體之異，而程材必至于爲犧，則用非騂角之得已；安簡賤之常，而生于犧堪爲脩物，則用或犁牛之所生，而人猶有疑焉。曷疑乎？曰：維犁牛之子故。嗟乎！習俗樂聞夫不善，其爲全牛也，雜瑕纇寔見于所生，將謀改卜也，易當毀之

時騂角雖俛首授命以待刀鋸鼎鑊之至而卒無解于刺識獸惡求
效死不可得者人情大抵然也雖然山川也而猶人乎哉合當赤之
宜則取諸色而昭代所崇遠勝夫夏牲殷牡修中正之處則尚其角
而有司所戒無藉乎食角兔牛以爲肥腯禮樂之所洽也以達明禋
河嶽之所憑也此而可令爾無事于山川也耶由此觀之向之騂騂
焉以爲無用者亦徒有其心焉已耳明有典章幽有鬼神人即善忘
亦安能隨所至而顛倒迢抑之以沒世也哉意人而不自表見如犁
牛之子也于舍之乎何尤

此等題如楞嚴維摩詰諸經中象設語聖人化工之言不激不厲
何處更着思議記者從旁用子謂仲弓曰五字已屬名言之煩了

欲于此內更加金屑乎此文離身太空惝怳變化即離影響與共

神行其間蘇眉山海外得意筆也　張西獻

意在題中神餘題外一俯一仰令人低徊無盡而勁致古音蒼然

自異文家峻品于今復見　徐于晉

子謂仲弓

子謂仲弓曰犁牛之子騂且角

錢豫章（漁莊）

即物以喻大賢子與父不必相似也夫必取乎其似則犁牛不應有騂角矣人既有之物亦有然乎所以為仲弓喻耳今夫罕一行於耳目間而不原夫造物篤生之意無怪乎執所從出而忘誕降之獨殊矣抑知成格雖拘而奇姿較尚天下之無所憑藉而挺然特立愛之者無庸諱其生憎之者不能掩其質也仲弓在聖門德行選也至其父之行視仲弓不可知而夫子謂之矣曰嗟乎是殆未覩夫犁牛之子也援物不兩大之言謂甚美必先甚惡在犁牛亦復何辭特以質異非常而故留缺陷則犁牛反得因子以生幸

而白處於寬泥世濟其凶之說謂裕蠱難期幹蠱在犂牛亦後何異特以材闕特簡而追溯從來則犂牛并將累子以惡名而孰承其後然而其子居然騂矣擬五德之當王白牡黃犉品不能以相並抑且居然角矣觀三望之改卜繭栗握角象實有以相符頎碩更取而論之因蓋愆之有待遂標品望於當前似騂角轉為犂牛而生則其待犂牛也太厚太庸材亦正無緣望耳惟不材以終老既已指摘之交加豈別有冀盼而期於所生遂足收之晚節乎則犂牛何幸而有騂角為子也然而不能諱也犂牛既無損乎騂角則騂角何幸於犂牛也因前德之多愆遂樹聲華於繼以騂角

反借犁牛而彰則其視騂角也太淺夫名材亦正難自立耳苟一端之未善無由表異於羣儕乃家美兼全而問所從生更有慚於内顧矣則騂角何不幸而為犁牛之子也然而不相蒙也犁之既不蓋夫騂角則騂角固不混於犁牛也蓋大造鍾毓之靈不能以兼異故絕類離群之品每以獨而成奇而彼蒼清淑之氣必有所由鍾故陽剛中正之規不以前而稍掩其騂角其小焉者也

題語本是懸空文亦玲瓏透徹恰與相稱　弟開仕

子謂仲弓曰　一章　繆昌期

大人以用世期賢者，亦得之世類之外也。夫世類不足以觀人也，於仲弓則亦足以自見于世矣，寧以父掩哉？且大賢不肖何常，皆賢謂何耳？故父不得奪諸子，子不必因諸父，象賢與遺迹各有不相掩之。若仲弓是已。夫以仲弓之賢焉，而父則賤，稽世冑者方登之。以仲弓之賢焉，而父則惡，採家聲者將罣弗錄乎世。於仲弓，仲弓亦以此自疑，而夫子獨有慨于中也。竊言以謂曰：試犂牛乃竟有子也，試觀犂牛之子，乃竟有用也。犂牛未有以騂著，而與予始羲騂以獻祀之典也，人即鄙而勿用

諒山川弗詮之而已矣犁牛未有以角著而以角著自
其子吾騂角以德求之經也人即薄而勿用諒山川弗見薄也直
矣蓋犧牲之用不用聽諸人夫人固于耳目容或以犁
（取○明○神○大○然○圓○瑩）
以而得棄其子犧牲之享不享聽諸神惟神鑒其馨香則獨
取騂角之式而并忘其自信乎出類之物產于野名山大川可昭
（久○壯○氣○盍）
拾也超俗之賢毓于家聖君賢相所亟而收也使謂奕世之後
而發而廊廟之材當需名族則之子其終沒沒耶而國家又
顯焉
間淡冲雅此之謂煉精歸液煉氣歸神

壽平子

文有寵辱不驚之意神採宛一○荊川 李正朴

何可借勿用作驟激語○空外傳聲須似此虛爽有遠度 程泰谷

子謂仲 繆

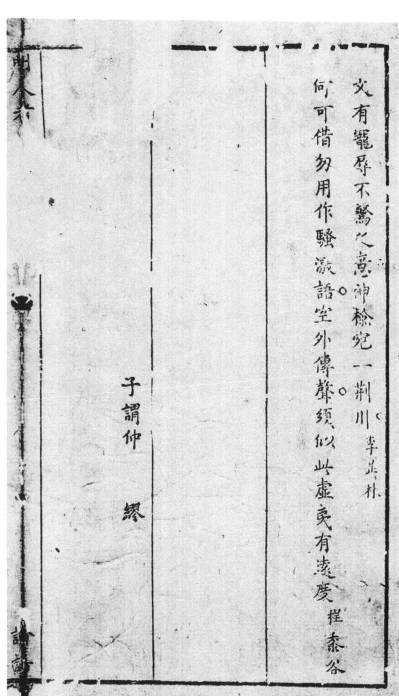

子謂衛公　一節　　　丙辰　錢兆鳳

卽居室而養其善，風有家也。夫居室奉易稱善也，彼不貪所有者，含子荆者不足為有家者訓乎。歎夫子褒之，命夫苟且之患見（名○言○）矣。審然也，如居室獨吾。蓋時至春秋，公室日以弱，私室日以強，諫者以求論之念，遂其貪厭之謀，而不知欲足悲生，寔由於此。聖人憂（方○見○斯○言○大○有○關○係○）之，故特舉一善居室者以風世。（善○字○是○論○眼○要○）令夫居室而必盡所有而去之者，（執此一層不肯）非也。祿以養廉，原不必與卑寒之子爭其介節；彼夫辰著纖嗇之儉，畧高耕邑之風，君子以為矯矣，而欲盡所有而棄之者亦非是。禮嚴越分，又何得以竊國之勢，有貽官箴；彼夫營事照象齒之譏鐘聲奉燕巢之諷君子以為侈矣若此者俱未善也善居室者惟公子荊乎凡物之餘而未有所終也其勢每進增而不能已豈亨順適之境遂望之而不勝艷羨者及身入其中而猶多未慊乃知境之有可至者難非可止者也營營者將安所底于而荊也超然矣凡變之窮而無所從入也其機齊漸返而莫能留驕侈淫佚之餘從前之所謂極快意者及事後思之而蘊不可得乃知境之無可益者即其有可損者也彼彼者不徒自苦乎而荊也淡然矣善矣哉始有少有富有無欲速也無禁營也苟合苟完苟美能知止也其節可嘉其言足風也居室如此此矣子所以稱善乎衛子列

點字神精在阿堵中

點次有而深

此○句方補二字外其▲所以○日今句樂○名○作○所○不○成

鄰諸邦與公卿大夫相交遊也非一日矣有一至者焉而後過之
則爲墟矣有再至三至者焉而後過之則爲墟矣豈所謂將人吳
衆○情○遠○舘○
富聚而殲旃者乎招伯有之螻甲若敖之累子之心惆焉一旦見
有不貪所有如公子荊者不禁垂垂而樂道之彼列國之名卿嘗
亦備聞斯語也已一想子生長宗邦與大家世族相周旋也蓋有年
天○成○
矣曩與吾祖父居者今其室十無二三焉曩與吾同居者今其室
十無四五焉非所謂多行不義必自斃者耶觀二勳之幾廢卜三
穜之家循子之心痛焉一旦見有善全所有如公子荊者不禁嘖
喪○不○容○之○一○字○
然而傳誦之有吾黨之薦紳嘗亦無廢斯言也已

近科房行書菁華　論語　下冊四　子謂衛公

幽思秋響夢雨靈籟錯論一過口中作三日沉檀香氣吾

前後兩橋行世已久登其一以當吉光片羽良光樂也

姿而秀幽而艷宜登落桐兩編卑祖之有此紀氏岩

第六冊　卷十八

子擊磬於　一章

聖人為其難而知心者終不能知其心也夫荷蕢者果者也已為其易而聖人為其難乃猶復用此為譏譏即且聖人之所為極難耳世有已知之人而莫之已焉非其所難也世無已知之人而即於是已焉又豈其所難乎彼隱者若將傲聖人以所難而不知固懸聖人以所難矣昔孔子之道大故天下莫能知而孔子之憂深故終身而不（陳蔡有筋力）（一路點次有水行山[illegible]峽石曲折之妙）已一日者擊磬於衛乃磬之聲泠然聞于門之外也而門外之言又淳然聞于門之內也始則曰有心哉擊磬乎夫亦也知音也知心遊（[illegible]既而二字生出）豈得謂荷蕢者無人矣乎於是徘徊門外不忍去少間而卻有心者

為硜上矣。斷乎遇而莫知，決於行而不已，何其昧於深淺之宜也。為之硜硜有若藥而去之。子聞之曰：夫夫也，是以果教我也；夫夫也，是為其果者也。將以是為難乎哉？天下本吾一體，而坐視其阽危，吾何以為心也。明知之已之不世出，而東西南北方奔走之不遑，以親夫歲居而川觀者孰難乎？天道無往不復，而日望其變通，誠無一則而忘於心也。然亦既知己之不可期，而仕止以速，亦孑孑聿而無已，以混夫潔身而忘世者孰難乎？彼為其易，我為其難。彼猶議我之卑卑也。為其鄙劣，猶其果我，亦笑彼之硜硜也。蓋聖人之有心與忘者也之無心，其不同有如此者。記者書其事，記其言，使後世得以考焉。

古雋

入宋人字字頓挫字字飛動

莊爲巧簡古妙

評

泌神妙遂落墨蹟然○故談以數筆使人尋味不盡○想見陶淵明倚杖聽水聲時也○劉太山

泠泠若仙語○徐文虎

欲不欲深作○而綿邈清遐○矯然墨瀋之外○約取大致○此風骨之最高也○在詩家其陶韋之流乎○真盦先生

戴田有時文全集　子擊磬

○○○子擊磬於　一章　　王安策

聖心不能已於天下寧為其難者焉夫聖人有心荷蕢聞聲而知之何又以為可已乎聖人曰吾寧為其難者今以天下之大有心者濟之乎無心者濟之乎必曰有心者濟之矣至欲濟而莫能遂濟將遂已乎抑未可以已乎必曰誠不可以已矣聖人之心所為大不忍於天下者此也而隱士反之（開端領要）昔夫子周流不偶所遇如沮溺丈人輩未有知其心者有之自荷蕢始擊磬於衛荷蕢適往過之傾耳而聽慨焉長嘆吾不知有心之專在夫子乎抑在荷蕢乎非荷蕢之心合於夫子之心何以知其有心也甚矣荷蕢之賢也然而子之心則固大（雖虞而避）不得已矣在昔有虞氏揮絃而歌南風而伯呂撫琴而頌明聖際賡

颺之盛則有心於其民處憂患之時則有心於其君凡所為者極難（逸字）

（打動）耳子之擊磬毋乃類是吾獨惜夫荷蕢者知子之音猶未知子之心

也始而嘆之既而鄙之初不知其何意直以為人莫己知得已不已

（點綴淺深具有仙韻）

用心之深也不如其淺也世途之淺也又何必為其深也在衛言衛

即以衛風諷之冷然答也子曰徽子言吾亦知吾之不自已也然而

已之則大果矣古來高人達士惟此恝然之一念可以釋民物之累

自非然者或戀焉或置焉安危之形卒若與吾相係而不可去古人

甘心肥遯止此决然之一意可以謝家國之憂自非然者姑處焉姑（化境）

出焉治亂之數遂若與吾相關而不可遺誠如子言則誠果矣果則

吾不能凡吾所為亦極難耳吾寧為其難者可哉噫此夫子所以為

有心也。若荷蕢者有必已之心而無不已之心者也。雖謂之硜硜也
庸何傷。
洞庭始波木葉微脫。可以擬其文境。讀者尤須看其文骨。道發前
後布置無不生動。乃隨手點撥之妙。小題拙選例不載全章文
以此篇為王君歲試首作。文甚佳。不忍沒也。故獨登之。

子擊磬　王

子擊磬於衛

一名入晉江學　王淮光

遺於世者未忍絕乎世、形諸聲者非、和其聲矣、蓋夫子之至德、人子之不能忘情于天下也則磬之擊於衛、豈徒然哉、今謂物不得其平則鳴人假諸器以鳴是說也獨不可以例聖人將聖人之於天下宜若洙與泗相遺也者何居乎鳴鳥不至擲石已遙而殷殷然擊磬于衛也乎金聲玉振雖集群聖之成而天竟何如木鐸幾疑虛設樂刪詩猶後還轅之後而誰能遺此搏拊聊以宣幽閒之磬以立君子發封疆之思夫大河南北陰陽所會何以皆兒也左臬而右淇雖等寫憂於〻〻地風雨雪于衛得天下焉則謂莫赤莫黑

於磬傳之可止衛王三家亦平中之〃趣數煩志音〃

于惕豈竟一往不反耶左籥而右翟吳韓慨焉〃夫人緣海風流子　本○韓○詩○外○傳

于衛見先民焉則謂有榛有苓于磬寫之可也今〃七族以後公　〃樹○枝○動○榛○果○山〃皆○響

觀樂嘗嘆後亡倘競譜在阿在澗之歌孰與叶楚宮之琴瑟其亦不

能無意也而不謂磬假之便也上則摩旁下則摩崙邉計夫聽者之

偽抱衛邦三至以還師弟空言歷商保庶倘盡挽同車同行之駕猶　於○衛○二○字　麥○空○倒○果○根○不○脫〃

可寢濮上之新聲其亦烏得無情也而遂以磬攄厥蘊也發歎中好〃

噍殺中哀矣貴乎知音之誠稀〃秋之〃幽誠恐既濟而〃〃矣茲于八〃　用繹○將歸揭對深則厲○二句

非念將歸也擊磬何為者中鬱抑亦誰語無取么絃而姑止響　佰○用○穩〃

等鼓瑟為步蘭之猗猗業知不採而佩之於茲于衛或傷不遇也歟用綺猗○蘭操對莫己知句○
又何為者感羈旅之終淹疇賡好我不悔一股二安必與筐同音乃
不謂過孔氏之門者且歌衛詩以作聲而和也。
近攝有心遠注末節驚才風逸壯志煙高彥和所云飈流所始同
祖風騷者歟

子擊磬於　全章　借刻立誠集　方　苞

以果為難者，繇未知聖人之心也。蓋可已而不忍已，不敢已，夫子所為有極難者，而荷蕢乃以果為難乎。且石隱之流，其所見未有不鄙者也。謂人不能已，而我已處此，獨可以（高着眼孔）繳夫利人之知，以淑其身之欲者，者而持是以驕聖人，則豈知聖人之難哉。遂自形其鄙而已。昔吾子之擊磬于衛，吾子蓋無心也，而不謂其心之若或傳之也，而不謂荷蕢之聞而識之也，曰有心哉擊磬乎。夫荷蕢非鄙人也，過其門未入其室而聞其聲，如見其人，豈非見微而知清濁者歟。荷蕢非鄙人也。乃既而觀其後言，而荷蕢依然一鄙人也。（敘次從合用古文法）蓋觀其所以鄙夫子者而知之矣世莫已知而終不自已乎豈真不知淺深之義而待荷蕢者賦詩以相諷哉深而深淺而淺而終無能濟之期欲厲不可欲揭不可而又無可以不濟之道此聖人之難也故一聞斯言而不禁喟然曰夫夫也若以予為難乎已者夫不已者雖耳豈已者難乎

（反覆姻縕學曰聲情如聞如對）

蕢剌國之蹤而將逝矣凡吾所與周旋者皆所謂不知已之人也我本多方以相為而彼反若漠然不無情理亦可以相絕矣乃絕之而斯人復何賴乎已實無求于世而乃屈心抑志以至于今此中蓋有甚不得已者矣若果于遺世而盡謝不知已之人以與其徒相樂此人情所大快也而何難哉一齟齬之迹亦多端矣凡吾日為圖望者固

明知其為不可為之事也我非不欲自潔其心而天偏不能少假之遇情亦可以自謝矣然謝之而吾志竟長負乎將事已了可知而乃低徊輾轉以冀其一當此際蓋有無可如何者矣若果于自棄而盡釋吾所不能忘之事而脫然無累于身此私計所甚便也而又何難哉彼荷蕢者惡知予也夫世之莫已知而不已亦誠有可鄙者矣然使其不已為可鄙而尚得為有心人哉且以能已為無求于人則將以人知為有利于已乎鄙哉硜硜乎荷蕢當之矣

獨紘哀歌感心動耳　韓慕廬先生

其氣格在介甫子由之間以面貌求之即不可得　劉大山

清微淡遠心境空明　韓祖昭

一面寫聖人一面寫荷蕢兩邊皆柱刻露魯叟賓王諸公有此識法無此深曲也　戴田有

于擊磬

子擊磬於衛 一節

安徽嵩宗師歲試　甘萬鎰
當塗縣學一名

聖心寓乎器、聞而知之矣、夫以子之心、怨而通乎荷蕢者之心、甚哉磬聲之所感何微乎、今夫深情者不能為忘情而忘情者亦未嘗不有情夫情之相感也非感其人而感其人之天故一往而深嘗相與於無與而情遠以移情耳無昔夫子之在春秋其為有心於斯世也豈顧問哉一日于衛而擊磬其偶焉者也非必假不之鳴發聲而震憤亦豈欲窮塗之痛大聲而疾呼然而荷蕢者其知之矣嗟乎荷蕢者其亦天下有心人乎假令夫〻也而為無心也者身將隱矣焉用文之亦將逃之南山之南北山之北終吾生以衛律聊逍遥兮容與胡為乎托跡於衛往來乎孔氏之門叩寂寞以求音方言哀而已嘆也且夫悲者不可為窮歡思者不可為衛風起兮蔚橫波嘆息哀至則悲何常之有故樂由之無心也雖以后夔之擊拊其能使之愁置于耳而怦然心動否於荷蕢者毋亦觀變識歸心於物令孔子日久又執檮音孔氏之目營四海倍難為懷不能忍而與之終古精煉而聞幼眇之聲遂不覺興感於無端也欲然則謂荷蕢者之心與實主兼到音乎之心將毋同曰非也子有心而乎無斧柯望龜山而隕涕荷蕢者有心而生芻一束跡負擔于斯民乎有心而往而復焉淇泉綠竹之濕暫淹南北東西之轍荷蕢者有心而托而逃焉山榛隰

苓之寄并許執籥來翟之勞顧獨低徊於予之擊磬而自附于知
心者何也挹正聲之微茫傳餘音之綿邈仍吾予之精誠相授感于（此是正意註）
（筆）不自知已耳此其故在孔氏不在荷蕢者也不然樂莫樂兮新相
知豈其旋賦衛風倏彈別調也哉
遠性夙疎逸情雲上文境最佳有心一嘆特荷蕢偶然感動
認作聖人知心便與下鄙哉果哉爾背此文目送手揮獨絲絲
解　原評
題眼只在有心一句僅將擊磬荷蕢上縹染生情非纖即臺高
手弗為也然夫子是主荷蕢是賓詳主略賓善矣或從賓現主

則更善矣。文乃以實為主。以主為賓。間文多正文少。使讀者神解而自得之。如煙雲竹樹相望于有無空曠之間。非曾入古文神境者。絕不解此布置。芳三

子擊磬　甘

子擊磬於　門者

江蘇學院月課　吳江縣學一名　朱志楫

聖人偶擊於磬而過其門者適相值也夫擊磬於孔氏之門與荷蕢固無與耳而過者適當其時焉是可引其端已令夫同調者相遇偏疏而與達者不謀適合此亦境之偶然而猝投於兩不自知之頃耳惟彼此各行其素而有觸而動與無因而前相與於無相與其意境猶在人耳目間也昔我孔子轍環寰區[illegible][illegible]天下之[illegible]踵門之士衣冠劍佩甚都不誠彬彬乎禮經樂緯也哉故恐不得於父母之邦猶有望於兄弟之國意者衞多君子當有人焉共荷斯道者與偕而至三至而所遇終窮偶有磬在于焉擊之一生不遇

夫鳳儀獸舞而怳與金聲玉振之器一發其清音則無端之寄托初非必以落落行踪竊冀唱酬於戶外業不發於清廟明堂而對此桑間濮上之風聊傳夫逸韵則爾日之聲情又何必謂洋洋盈耳未許流播於人間然則此一聲也假物以鳴而感慨係之於非意曠神閒如谷隱岩棲之輩僅在高山流水間也夫淫靡競奏空存立辨之思康樂既陳無復聲依之美乃至猗蘭操而古調空彈曠野歌而同聲莫應誰與過孔氏之門而問焉者不謂門內之磬聲甫傳而門外之萍踪適合門內之磬聲未絶而門外之履跡作經彼何人斯則荷蕢者是夫荷蕢何為者耶世之仔肩已謝而

負擔為常本非關聲而始至豈其舍業以相從則過者自過原不出戶外之清音激越而頓返高蹈之踪畢生之抱負久虛而游行自得彼方欲歌而欲泣此則獨往而獨來乃過而未過恍即此片時之逸韻悠揚而一聲徹入之聽嗟嗟東周夢杳誰陳泮壁之鐘用我期除莫聲大昕之鼓遂使木鐸儒宗漫與悠悠行路者相值不得和聲以鳴其感吾子其窮矣不然在衛之擊夫小鬱抑而室之磬者荷蕢何人乃過其門而竟不入其室耶君子曰荷蕢與孔子大都不相知而相知者也故擊磬傳而荷蕢者亦與俱傳云

（伯牙同調惟一子期）（哀裳激楚亦如一曲）（而狀錢聞者盡為於邑）（無限低徊）

山水有清音洗盡從來笙笛耳　張默濱

裁雲製霞刻葩斲卉秀色飄然不群頌矣

子擊磬於衛　二句

江蘇夢學院月課　元和縣學一名　朱漢倬

聖人偶托於音與過門者適相值焉夫〻子之擊磬荷蕢者之過門皆偶然之事也然而適相值矣故誌之今夫聖人以天下為家（提得斬窮）雖偶然羈旅亦共傳為孔氏之門矣是故門以內可以安誦絃之素門以外不妨絕車馬之喧此事之常無足記者惟室中偶託於音而逆客御心若有不謀而合者正可並誌之以觀其後昔吾夫子周流列國至衛者三衛固文之昭也康叔武公遞相傳以治者（挑提擊磬）也乃自西方之美人不作榛山苓隰徒切遐思誰復覩鐘鏞而追雅奏先王之三誥空存濮上桑間淫哇迭起誰為按金石而定中

轂子之在衛而擊磬也其偶然耶抑別有所感觸而然耶且夫孔
過○接○不○窮○
氏之門過者亦寂若罔聞矣其君已漸弛好賢之雅則適館授粲
者何人其臣雖不無同氣之求而晨夕相從者亦少此一擊也意
挑○起○次○句○
惟是二三弟子聆茲清越以長相與低徊欲絕耳詎復索解人於
戶外哉而孰知竟有一人焉過其門而躑躅者其在子也撫遺踪
機、神、一○片
於他邦而按節循轂聊等於猗蘭有操曠野有歌祇自消其寂寞
二比
縱使獨深懷抱要豈能以天涯逸響致驚空谷之足音其在過者
妙用分關
非其力不以食而擔簦躡屩不過與荷蓧有人負鋤有耦祇自適
其生涯縱使偶入塵寰亦安能以世外高蹤漫作望門之投謁然

則擊者自擊，初不計門外之有過者也；過者自過，初不料門內之有擊者也。惟是不後不先，會逢其適，不可謂非事之巧於作合者矣。（今概處淡語已是）吾思淇泉萊竹間素多隱君子，往往不求聞達，作為歌詩以見志，如考槃碩人之流是也。今之過者，是耶非耶？姓氏不可得考，而有託而逃，其人遂以荷蕢傳矣。惜乎有心一嘆，復有後言，徒令吾（包情負句，宕往不盡）夫子於擊磬之餘，彌復增其惘惘也。

偏將擊者過者說得枘鑿不相入，其於下文有心一嘆，正所謂欲合先離也。文境夷猶瀠宕，亦復憂然異人。　黃魯源

行雲流水，純任天機，洒然塵埃之外。　傾與一

逸情雲上，遠性風疎。　程蘂綸

子擊磬於衛 章

伍超

有心者不可鄙、鄙在果者矣、蓋未有果而不鄙者、荷蕢且以鄙有心之聖人也、嘻亦易矣、且人心無不同。至易世與遁世者之心則大不同。蓋遯世者無不忘。而易世者無一或忘也、夫子何為而擊磬于衛哉、豈其離群絕類。既不忍。蒙于中而憫人悲天。又不能出諸口。不得已假搏拊寫憂思。冀得同心而引之以共為其難者乎。惜哉。不令有心者聞之也。悠悠斯世。大抵背無心者耳。不然。聞磬聲而嘉歎。荷蕢豈曰非賢。胡不自疾而反疾聖人。不自笑其固而反笑聖人之固耶。甚矣。其鄙也。甚矣其果也。在荷蕢且自難其果。

伍驤實稿　論語

謂忘人所不能忘然而果則無心矣果則無事矣果則硜硜而不可轉矣果則淺深所不遑而厲揭不能咸宜矣荷蕢誠莫知而已者乎莫知而已難乎不難乎如以為難將憫一世之阽危務偕斯人于大道豈徒優游擔負行吟道左而已哉有心哉孔氏擊磬之獨為其難已乎而過門者猶援苦葉以譏之果哉荷蕢也鄙哉荷蕢也

（筆快如刀）（疾風掃籜）

點題變化一氣神行絕構也

淡淡數筆題義無餘　張處冲

劍士識

子擊磬於衛 一節 八名 呂其樽

聖心託物以傳意士聆音而識其心焉夫聖人有心固無乎不寓也荷蕢聞擊磬而致慨焉其果知聖心否耶且聖人道大莫容而軀車道左亦謂我實有心誰為知己也而託物舒懷之際有心者早聆其音察其心焉其言之所指不知有當于聖人之心否而聖心之落落若藉是差堪自慰耳夫夫子之心果安在乎夫子其用行舍藏者耶偶躬際明良則拊石而奏太和之點致足樂也夫子其民胞物與者耶乃遭逢不偶則即物而寫痌瘝之隱能無憂乎一旦擊磬于衛而夫子之心不假擊磬傳乎東山泗水之鄉以遨

一齒安頓有変

以逆者取儁不盡也以夫子而寄情金石則從容之致萬馬蓋聲音可以淑性聽觀可以怡神矣車塵馬足之間栖栖不倦者然何時已也乃夫子而寄情於擊則悲憫之懷深焉蓋有不容已于天地不容已于古今者矣則一擊磬也而寄以無窮之思焉寥寥乎宙孰是知音不意過門之荷蕢聞聲而發有心之歎也彼蓋謂心有窮而事無窮也而若人之憂心者殊不計時際之推遷也亦謂天壤甚勞而若偷甚逸也而若人之勞心者殊不知形神之交役也然則門以內夫子耶門以外荷蕢耶生平未接傾蓋之歡而聆音考數即號知已則尋常耳目之外其所以賞識夫子者不已至

乎一鏗〻者擊磬之不絕也蹻〻者荷蕢之行踪也生平未有投贈
之雅而聞聲致嘆若有餘情則永矢弗告之餘其所以愛惜夫子
者別有在也噫〻荷蕢其知夫子之心乎乃既而有言而荷蕢之
心又可知矣

局度舒徐音節諧暢　王學舒

子擊磬於衛　一節　　何衢

聖心以音傳聞音者即知聖人也夫夫子之擊磬夫子之心已寓矣荷蕢聞而知之不有以識聖人之隱衷耶且夫發于器者聲也而為此聲者則人人之所以有此聲者則心苟于聲而因以想見其人于人而因以想見其心斯人以聲傳心亦以人傳矣如宇宙有夫子蓋以木鐸之聲振響天下者也乃一時行踪悠悠莫定所以神愈殷而愈孤偶爾擊磬于衛有心耶無心耶在夫子有不堪明言者矣安得有人焉過而問之以知吾夫子之心哉何意有荷蕢者過夫子之門傾耳焉低徊焉聆其音想其人曰是聲也胡為

乎來哉我知之矣此非磬聲也乃心聲也有心哉退不肯結巢許之局進不能成禹稷之勳進退而無所着而故以寥落之况付之擊柎之音藉非然也何其聲之悽愴若斯耶有心哉世已成叔季之世身猶作唐虞之身ㄋ世實有所關而故以無限之胸結爲有情之韻藉非然也何其聲之不禁動人至此耶其聲紛若綫來拂知之畧待之邦家而一試其志幽若居爽浮海之念卯之淵臆而難言其思遠若以一擊収其意中之同調而借意以竊知心其神孤若以一擊招物外之異人而隨在無非與易意者慨富歟之欣之不加耶所不可知而總之未能無情聊以抒其不可告人之心

事意者慨風雅之音之不振耶。亦未可知而究之已有懷止以寫其不堪還問之隱衷。夫子之心荷蕢知之。其不虛過聖門者哉。其深知聖心者哉。蛛絲互用結搆天然。讀至後段。幾于一聲河滿。子凄淚落君前矣。王學館

子擊磬于衛　何世堪

聖人偶託于音非必借以自鳴也夫磬可擊則擊之其于衛亦偶然也然而擊者夫子則夫子不即傳于一擊中乎嘗聞君子無故不去琴瑟所以養德也至于擊石拊石掌在樂官學者多未習焉故吾黨鼓瑟有人彈琴有人未聞有能擊磬者也雖然夫子固能之矣一日者子衛而嘗一擊焉夫夫子曷為擊磬也或曰其有盛世之思乎虞廷之憂擊鳴球曾致鳳儀之盛今者鳳鳥不至矣撫斯磬也猶將彷彿乎簫韶或曰其有衰世之感乎淮水之笙磬同音徒歷淑人之慕今者大雅不作矣撫斯磬也猶然正樂之餘意或曰夏之肺泗濱浮

（于趣上[illegible]下爺　閒出如許新意）

磬泗魯地也子路于魯習之者乎或曰詩有之依我磬聲商頌也子為殷後而知之乎或曰非也子嘗學琴于師襄襄善磬者也子兼得其傳耳或曰非也夫子素善周禮周禮有磬人磬師子好古而自得之耳或曰五音之中磬為角角為民乎之擊也其思富庶之民乎或呼起下半曰磬以立辨辨以致死子之擊也其思死封疆之臣乎而頓擊于衛者何也或曰濮上桑間衛有淫聲聽此鏗鏗之音可以化俗或曰沫上朝歌衛有亂聲聆茲和平之響可以移風或曰執籥秉翟雖世之士也彼托于舞此托于音其致同也或曰寤歌永矢獨樂之士也彼安槃澗此歷風塵其致異也或曰泉源在左淇水在右子也頓而樂

之故有此擊或曰出自北門莫知我艱予也傾而憂之故有此擊或曰此一擊也其在陳之後其在仰視蜚鴻之餘夫子悲時之不遇也聊以當匪兕之歌聊以當臨流之歎聊以當三終之曲聊以當猗蘭之操而說如夫子撫無心也不意門外有人傾耳而聽之久矣

一句一收一應破中意落下鏗然

前半寫子擊磬後半寫于衞兩層截然用疑陣生出如許波瀾章法一綫排場俱古雎徑絕不猶人　洪玉符

㧱定偶託擊磬意短音促節不欲下一死句白司馬琵琶行之嘈嘈切切錯雜彈大珠小珠落玉盤何不可題此文

子擊磬　何

子擊磬於衛　節　　江南鄭宗師科考　汪湄

泰州學二名

無門得隱士而傳地與事俱傳矣蓋夫子有心豈以擊磬而少釋乎

而荷蕢者乃不言而諭也衛多君子不慮已嘗謂孔子在春秋天下

荷蕢○共四句○削入摘題所○重

○猶夫人也乃道大莫容所如不合不得已而以偶然之擊拊寫我深

急落首句

情對豈堪為一二流俗人道耶如子之擊磬于衛是已處衰周之季

虛頓兩語補寫在影子前便若果于○急世刋始

仕止久速而各隨乎時為旅人之身南北東西而不辭其瘁衛之磬

先○就○衛○事○與○江湖○擊磬○動○有心○

○磬胡為者豈以康武遺風未泯于人心之眷戀而有彈琴如見之思

○起○有○心○一○嘆○下○未了

乎然往則猶羨袖君不如弈棋上聾下瞶之朝孰是聆泗濱之響而

○倒○荷○蕢○身○分○

油然莫遏于心耶豈以淇泉衛派猶便乎人事之經營而有觧慍而

理之意乎然裝卯還而戶象豐裕桑濮降而人盡驕溪群飲賭還之際誰寔開拊石之音而悠然如通其意乃不意荷蕢者忽浩乎有會如此化從循而深俱說得有情也曰有心哉擊磬乎斯門以內一室而天下者默寄于和声依永之餘滌遠門句妙有心一世都在本手快好曉道門以外兩人而一心者浹洽于傾蓋未交之下然而此心亦太苦矣遊之制樞之伐皆緣是心以招尤予之擊磬隱隱有未敢告人者發深拒悲憤況精際以喜樂是從行偏為無端之噍殺而偏于蕭條閒淡之口曲道其黃農虞夏之悲則雖兕虎與嗟而意外之同心聊可以自遣而此心亦甚不可解矣狂歌高節清越大有絃外于楚湘矣于津皆揩斯心為沂厲予之擊磬硜硜有不求人諒者引之思為獨絃之哀歌而偏使風塵寥落之人直抒其莘野渭濱之想則雖

逐常按契而此時之況味倍覺其黯然蓋自有此荷蕢者而衛之擊磬為不虛矣抑又聞之衛多君子夫子三致意焉加汲汲之姝子簡兮之詩人彼雖按閒置散未嘗一日忘天下也若荷蕢者豈其人耶

入手將有心提起作線却仍是輕挑暗逗之筆絕不犯実故佳落到荷蕢門外之嘆摹寫情事看語無多而兩邊全神俱現後二比將夫子悲憫心事因荷蕢一嘆抒寫曲盡抱定擊磬手筆俱靈竟幅無一拙俗之語雖人深致俯仰見之

子擊磬於衛　一章　汪薇

聖人之心乎天下爲其難者也夫欲已而不得已者聖人爲天下之心也此之不難而果者難乎今夫人懷匡濟一世之具而同時無知己吾寧長往而不顧自爲則得矣顧以君相之無識而怨望乎斯人天下亦安賴此有心人乎夫窮達之際自有定分學至聖人其知之審矣何爲乎栖栖皇皇終其身而不息也則甚矣聖人之難也豈當世未有真知夫子之心者一旦擊磬於衛而有心之嘆怨發有荷蕢者可謂無意者乎既而曰鄙哉吾夫子也何鄙乎爾曰以其硜硜也業已知聖主之不作猶然歷九州以相君莫已知也時命之窮也可已

簡净

蒼雄峭

而不已也則何為者也深耶淺耶拯溺者淪胥而涉川者滅頂耶徘
句法得有左氏
徊之餘乃咏匏有苦葉胥章之兩言而去予聞之曰憊斯人也斯言
發岸註
也吾畏其果也吾又易其果也然則夫子非難於果者也今有人於
中丰下佰一家二句意出
其子姓兄弟之阽於危而安坐不恤曰吾衛於時勢而不可為也故
寧已也是忍人也不得謂之明哲也今有人於其耳目手足之羅於
患而漫不知避曰吾違然遭之而無可如何也故不可已而亦已也
是自戕也並不得謂之順命也由是觀之則夫子之於天下可知已
然而去慕去魯久速以其時淺深之宜惟夫子能達之如必以硜硜
清旨彼矛還攻其盾
為辭也則若荷蕢者之往而不反真足以當之也已
評

又題面層級一錯便極波折累布一景便極雋遠作者含處稚不減昔人。

子擊磬

汪

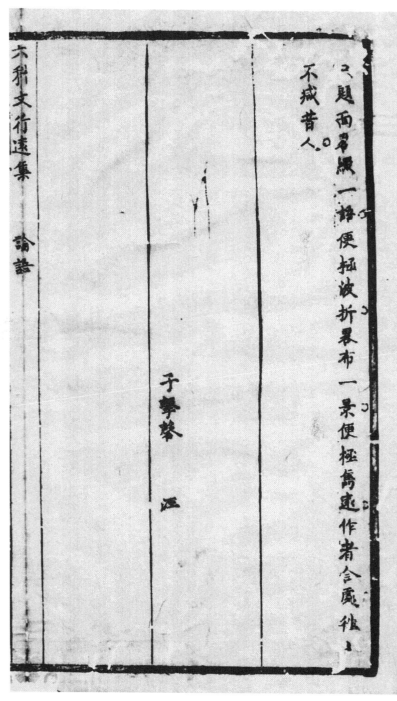

子擊磬於衛　汪瀛

記聖人之所擊其所以擊者可思已夫夫子至衛而何以擊磬耶此其故夫豈無因而擊者乎嘗觀唐虞之世朝有憂擊鳴球之盛野有康衢擊壤之風休哉何治之隆也若夫生不逢辰而徒于周流棲遲之際托物寄概亦良足悲已則有如子擊磬於衛一事吾夫子魯人也令其悠然于東山泗水之間嘯歌古人夫豈不足以自適然此乃列人萬舞者之所為而何能若是之晏晏又使伏處于島蒙晃繹之區鳴琴見志亦始不可以自娛然此亦樂制自樂者之所為而焉能如此之逸逸則其至于衛也豈徒然哉獨是夫子而至於衛也使衛

渾用點綴法

此等題大手筆也少不

從題前一層寫來點綴

就荷蕢并帶摹哉

先點衛字

又領衛字生發

朱下己知　又一燥点鍜法

之君有樂處之雅則笙簧寫心一彈再鼓致足樂耳乃朝不聞並坐鼓瑟追藏于左轄而止于琴劍蕭條閒事寸搏拊之奉也奚為抑使衛之臣有承儲之將則同寅協恭一唱三歎寧弗快焉乃朝不聞吹笙鼓簧婉美于鹿鳴而徒于洙鄉覊旅中偶出金石之鼓也又奚為

文亦有吹出擊石鼓

正做擊磬二比　反擊者貴

夫覊紲而既往矣美善難再誰與為和吾恐其方擊之始清音渢渢從宮商協奏其如知音之寡侶何美人其不作矣大雅云亡誰與審音吾恐其已擊之後餘音嫋嫋頻律呂相宣又如同調之無人何如

是有心引子

怨如慕如泣如訴知不與南風雅奏可以解愠而阜財作疾作徐作斷作續又豈與湯孫聲鼓同其穆穆而淵淵斯時也哀音盈于室中

止以詒仲其鬱結幽隸違于戶外咏不期人之共知而不謂門以外有傾耳而聽者則荷蕢也

記事題單摘一二句者須映合全章全文着華方有照射采色若就題鋪寫則索然無味文于五字中生出意義將下文一一倒影上來文往何等開拓詞語何等嫻熟固知一部四書雖至虛至備題目或有上文或有下文或有上下文者皆可從中覓出活路證不患題枯而文之枯也

子擊磬於　全章

分理浙江二府李
考鹽城縣學一名　沈儼

聖心獨有所難果者知之而未盡也夫一聞磬而知其有心復識其
辭是誠果者也夫孰知擊磬者之心有難焉者乎且夫聖人之與隱
士皆天下有心人也然而聖人難矣世滔滔而不得身栖栖而未遂
深乎子之心何心哉此其心有未易為人言者則甚矣夫得其門者
之難也乃於衛得一人焉曰荷蕢荷蕢者衛之鄙人也不知其姓名
最諧曰旣擊大者為滑稽伏案
歟以其所托之物誌之或曰此非荷蕢人也過孔門聞音賦詩其意
象乙一類鄙者夫衛多君子往往果於忘世此亦其流耶且夫擊磬者
之心亦極難耳世莫已知壯心未已一轉一淅憂從中來過我門者

直省考卷篋中集　論十

重緝褋也。而獨一荷蕢者哉。胡為乎非有生平之素。卒然相遇而即
以有心相許（獲得妙）知音哉。知心哉。荷蕢者誠非倘（應）賢人也。爾乃（寫出生動）徘徊門外
欲行且止。有心人（情逸）亦不及相為言。出門握手過款。素一道其（妙）不果忘
世之心而硜硜請矣。莫知嘆矣。斯已諷矣。歌詞宛轉。依我磬聲。有心
（宴有心人妙）人亦復徐味其言。而徬徨悵望者久之。曰嗟乎此（應）非荷蕢人也。其果
於忘世者也。夫明王不作。而天下其孰能宗予。不已不能。欲已不忍。
（沛然）
將為其厲乎。安知深者之非淺。將為其揭乎。又安知淺者之非深。淺
（但借詩詞寫雅字）
深皆非可逃之境。厲揭皆無自便之方。有心哉。難矣哉。彼荷蕢者畏
為其難而遂甘心於果。是則真（應）荷蕢人也已。聽其言。異挽其轍。方且

以招之為同調而過我門不入我室終不能引之為同志鄉哉[illegible]
乎其擊磬者之謂與其荷蕢者之謂與

詩情騷藻之如披畫圖　原評
敘致變化甚得古法氣韻飄渺妙處人在筆墨之外

子擊磬　沈

子擊磬於　全章　錢塘沈金瑜

聖人有心不足為果者道也夫夫子心乎天下而獨為其難倚蕢知之而仍弗知也彼則識果矣而顧謂擊磬者鄙乎且時至春秋舉天

直從進字決起百紙貫注不必徐聯鶴唳已堪腸斷

下之大極天下之人之衆而咸托命于東魯一布衣斯則難矣而聖人非樂為其難也蓋其所與天下相維繫者端賴此惓惓之一心惓惓不忍恝則事不辭難此其意間之當世未有知也間有能窺之者而又抱獨行之志以去則甚矣聖人之難也今夫聖人之心往往與隱

陡峻

逸異者何哉蓋以任行藏于斯世進退無可執也豈必曰懷我薖軸乎乃自矜言高蹈而即若有必不可就若是聖人無心而隱士有心

反得妙

有心而我竊疑其臨矣抑以置理亂于無聞嘯歌徒自適也寧復恤我胞與乎一自軫念民瘼而遂若有惻乎不忍者是隱士無心聖人有心也有心而孰與窺其深哉二日者夫子在衛偶擊磬焉此意已隱為傳矣荷蕢之忽然過而輙嘆為有心也其誠相知以心乎雖然未盡然也彼其一擊一拊而時形夫咨嗟嘆悼之意所如不偶然易傷也聖人豈大遠于人情此其可知者也而亦荷蕢之所能知也若夫一擊一拊而恒寓夫痌瘝一體之懷意在斯人非為已也聖人豈徒嘆乎知希此其不易知者也雖荷蕢亦有所不能知也夫是以始則微窺以得其心繼即婉諷以鳴已意莫知不已乎誠昧淺

亦以開闔取勝

深之宜者然吾正不知為世而有心者鄙耶抑忘世而無心者鄙耶（風漪瀲灩帶開）且不知有心而不能已者之硜硜耶抑無心而決于已者之硜硜耶（雲路）予聞之而憮然曰丘則非鄙也而若人則已果矣然而果又難乎哉天下事苟非情所甚殷鮮不自靳其力乃顧斯人而情何如也轆環（飄然思不群）雖倦有濡軌不辭耳苟曰吾潔吾身其抗志而往也彼山阿水湄之際伊人不宛在乎幾見其情告竭而力告勞也而肅何難也天下事苟非勢所甚迫無不姑俟其時乃當今日而勢何如也遇合無期姑褰裳趨之耳苟曰吾行吾志其引身而退也將東山泗水之間遂以（原地寫得愈洒脫愈沉痛）息吾游乎又何至困于勢而阻于時也而仍何難也第恐人人勿為

其難而有心之痛益深且人人勿爲其難而有心者亦以愈難也彼荷蕢者決去不顧其遂賢于溺溺不返者流耶而猶自謝其涉川之智吾恐爲匏葉詩人所竊笑也

文品如琱玉鐫金名貴可賞　原批

不拾殘脂賸粉而妥章頓句簇簇新姿殆所謂謝詩生芙蓉也　章叔

子擊磬　沈

子擊磬於衛　二句　依原評點　宋鳳翔雝喈

適衛者偶托於磬。過門者並傳其業焉。夫夫子之至於衛。偶托乎磬以為宣。荷蕢之過其門。胡執其業以相遇。一聖一隱。其不侔而適合也。有如此。嘗思聲音之道。恆與政通。而泉石之流。不以名著。故事不相侔者。大抵迹不相合也。乃寄身異國。聊宣搏擊遺音。而接迹門廬。別有當躬負荷。則門內之逸響未終。門外之萍踪偶值。其迹不同。其事足誌者。昔夫子嘗三至於衛矣。念介弟分封以來。明德猶傳彝訓。豈鎬洛聲靈之遺。至今遂泯乎。苟一旦大行有兆。則不得志於父母之邦。猶有望於兄弟之國。方將以東山木鐸振淇。

奚　文宗科考取列莆田縣學一等第一名

文宗科考取列莆田縣學一等第一名

水元音何至如此門賢者托槃澗以寤歌兼翟伶人舍賤業以思去乃負擔不苟而委任無人則雖依我磬聲不過聊宣其抑鬱究之盛治難再空懷帝世之笙鏞大用無期莫振鎬京之鐘鼓淒涼旅館久莫問羈人之姓氏則子之擊磬於衛亦惟與弦歌之侶聊永今朝鼓瑟之賢共數晨夕而不意適然從門外來則有荷蕢其人者何哉且荷蕢亦幾淪石隱矣念儒生重遯之量藏器原以待時豈草茅襏襫之儔可與奏功乎茍一旦奮庸皇路雖不克勝宇宙之艱亦當肩國家之重無難以一身擔荷展四海勳名何至如沮溺之輩高姓氏于耦耕接輿之徒抗行歌而隱遯乃鉅艱已謝

而負擔爲常則雖托業甚微祇是蹉[illegible]其歲月胡然息肩不暇幾若永與相隨責任已輕不敢忘所有事嘯傲烟霞久已成幽人之隱僻則其過孔氏之門既難等荷蓧丈人延賓止宿監門儀尹相士卑棲而不意貿然從門外來適與擊磬相遇者何哉蓋高懷遠寄何堪與世外訂知音而志趣既殊不免笑高人之洗耳觀于明知其有心而譏之而知一聖一隱其不侔而適合也有如此

錢大宗師原評

兩面寫生筆情輕蒨

伯星巖評

劃開兩比于不相合處摹繪神情機軸一新措詞亦自秀飭

子擊磬於　難矣

錢塘　宋霞蔚

聖人有心於天下所以身爲其難也。蓋莫知而不已斯爲難耳彼果焉者雖知其有心即謂之不知心也可凡夫斯世之大安所托命乎亦托於聖人之心焉耳矣天下有不能知聖人之日聖人有必不能忘天下之心故其心有時不相知者亦可以知之而若知之者終不能知之則其徘徊曲折之苦衷有不可以告人者矣春秋有孔氏其心固不忍果於忘世者也生平用魯之外亦欲用衛雖然衛尚可爲乎拯溺何由徒歎濟盈之濡軌並濟無人深嗟我友於印須君子讀衛風至匏有苦葉之章未嘗不爲之廢書三歎也一日者驅車至止偶爾擊磬荷蕢聞之歎為有心夫荷蕢抑知其誠無心哉心藏於中（引入佳）者耳有托以將而不能以終秘也悠悠淇水忽傳縹緲之音渺渺予懷已入幽人之耳而相觸而而相感謂之不知心可乎抑人各有心焉耳取懷以予而不能以相喻也門以內之擊石者若倡其端門以外之傾聽者已議其後而相感而而相疑遽謂之知心可乎彼有心之說似矣而奈何復以硜硜者漫相譏刺耶（承知鋩刃遂間而入一綫一橫鋭不可當）試取其言思之舉世誠莫知然彼何以因磬而知心何以因聲而知其不已之心何以因磬而知其莫知不已之心此亦知己之一證也安知天壤之大不更有知心者在乎（奇快至此何必）而竟謂莫己知也乎一有心誠可已然彼何以不已於物

生公說法

而有荷何以不已於行而有過何以不已於人而有言此亦難已之一驗也已則末已而謂人能已乎而漫云斯已而已也乎果哉其無心人也哉深而無心於厲也淺而無心於揭也將隨流以浮沉其果難乎否也果哉其亦有心人也哉有心於厲而不就其深也有心於揭而不就其淺也遵澤畔以行吟具采難乎否也宜乎之喟然而感傷也曰末之難矣惜也荷蕢者不得其門而入也彼特於磬聲中擬

空中寫影趕神混溢而四出

吾夫子焉耳設其面請承欬焉知不自悔其鄙乎夫鏗然一鳴而餘音不絕遂不會觀其音容而通其寤寐為之若歎焉若訴焉謂斯世之胥溺已深勞人之況瘁徒甚不可謂非深愛重夫子者也晨門沮

浙江試牘　論

蜀之流殊未聞此知己之論也已矣歌聲與磬聲而俱寂矣予亦第於聞言下一想其人焉耳設其握手深談安知不可引為同心乎夫一言相示而揚風扢雅已不啻力挽其忘情而詳告以衷曲為之致惜焉致警焉謂斯人之望澤孔殷空谷之遁思宜勉不可謂非不忍棄荷蕢者也悽與荷蓧而外未易聞此親切之言也嗟乎使當日荷蕢者嘿爾而去則千百世下孰從傳其人知其言哉迄今過衛故墟想見聖人知難而不自已之心而渢渢乎磬聲猶若接於耳也

馭題奇橫造意幽渺使讀者快極汗出憾極淚下　原批

于犖藝　宋

子擊磬於衛　一節

元　金　甡

聖心之托于音也無心者乍為之感矣夫擊磬之心未易測其微也而過門者已心識之聖心之感人歟荷蕢之知聖歟且天下之相感者惟心平心與天下相繫而情已一往（扣得輕渾）而深心與天下相忘而機或有時而動是故得之心而應之手遂以有託而畢傳者固隱願之未平也入于耳而感于心不覺無端而若契者亦本志之來化也夫心至足以感難動之心而心于是為無窮矣（歸到聖心）吾夫子情殷濟世每無以見諫于同群道可乘時顧惟是歷聘于諸國此其（閒〻而〻來却[illegible]動節）憂思之遠原不必發其蘊以顯示諸人而其寄託之深亦往往假

於器以自宣其意擊磬於衛其心之寫乎音者何如哉夫衛固不乏知音之士而肯或自託於音者矣其自命為通隱者不恤厠身樂舞之列而山榛隰苓之發咏於以見懷古之情深其失志于石隱者必欲遠跡于薖軸之間而獨寤寐宿以自娛亦以見嘯歌之不廢是皆天下有心人而不得志于時者之所為也使其聞此磬也當必有深知其意而不能不與為低徊者古今人不相及至吾夫子之所遇而引為同調者鮮矣何意有過門之荷蕢一聽之而輒許為有心哉且夫聖人有心類非隱士之所諭而擊磬之聲尤未易以探其微也八音獨石為難調在憂繫者甚重乎雅奏之和

（擊○心○緊○動）
（就○衛○宮○闕○覺○而○不○野）
（閒○處○著○想）
（忽○省○用○宋○元○方○有○生○氣）
（又○起○一○波○了○無○一○筆○平○順）
（綿繞首句布置有化）

平而非以表憂心之噍殺大樂以磬為收韻其專靜者適近乎堅決之操履而難以見意思之深長乃荷蕢者于此固審聲以知音而神解之有餘遂已不再計而決乃見微而知著而深衷之若揭（神來不測）不啻有同氣之孚有心哉擊磬者誠有流露于不自知者乎有心哉荷蕢者亦有感觸于不自禁者乎而吾於此乃獨為荷蕢幸也（照起摶收二比渾成得局）離物而遊久矣不聞其休戚而聞所聞而至者忽如結習之難志則他日或自悔其多言而一時固可想見其初志以躡蹻擔簦之侶偏足為大聖人之賞音斯亦足以不朽者矣而吾于此乃重為夫子慨也蒿目時艱寤望同心之欣聯而過門而不入者亦謂此

中之有人則正可以斯人吾與之懷挽賢者避世之意頓一言相
契之餘旋有轉瞬間之異議斯亦無可如何者矣
以去留作結處悠然神遠

意度波瀾變入古其神味淵永如醞釀秬鬯含咀梅蘭齒芬
者未許問津　吳在揚

向石鳴琴秋林長嘯翛然遠俗風格獨高　王元青

子擊磬　金

子擊磬於衛 二句

江蘇夢宗師月課
蘇州府學二名 周 瑗

有感物而動者、磬聞戶外人矣、夫門以內之磬意不在磬也、過者獨傳荷蕢其人、君子曰、是非果有遭乎、且吾夫子獨於衛一至再至、三至矣。平日讀詩而思歌風而嘆至於審音而昔之觀樂者嘗（伏中）曰憂而不困于其詩也可以道古驅馬悠悠言至于漕衛多君子惟若卑非伯玉譽由素心晨夕事意有過我門不入我室者乎噫、異矣、且子固志在東周不忘宗國入室而先人之鐘鬻猶存登堂（題前挨染）而弟子之弦歌不輟危小之側泗水之旁彈琴詠風散出金石有過而問焉者幾不高山仰而景行行曰此孔氏之門也乃樂何而適衛河水洋洋北流活活偶焉息轍托跡于斯初不知與北門考槃閒相去幾何然而情事大殊矣何也竊其中一似並有憂者吾聞之夏后氏矣曰以憂告者擊磬夫子偶一及之泉源在左淇水在右依我磬聲襄然以鳴或有所務然深思焉或有所罪然高望而遠眺焉其高山耶其流水耶抑憂從中來不得其平耶嗚呼不逢虞后奚乘辨石之聲迴想車中徒切廣哉之嘆不惜擊者皆但傷賞音稀彼于于干旌在浚之郊使之聞之庶可冷然入耳乎不謂如無人門焉者雖然莫謂門以外無人也大凡宇宙之氣机無時不露故一往而深者恒流傳于擲捐之餘沉淪之奇士所在多

有故適然而至者不覺自騁于往來之但且夫衛之賢者公處焉
舜嘗有托而逃然而所棄者翟也所執者籥也戛擊之鞉鞞非同
調乃云誰之思西方美人其與彈琴如見有默契焉若荷蕢者而
（山雨欲來風滿樓）
美為于孔氏之門乎然荷蕢者而豈嘗于孔氏之門乎情過矣試
思其過也來何自去何歸南山南北山北若趨而避之而又不即
赦而避之也獨是封人更隱荷蕢〻隱彼則一見而識木鐸之天者
此則一聞而果以落數為木鐸歟非於吾知其必有異於衆矣不
（曲終雅數江上峯青）
然于而擊磬也淇水悠〻焉言出遊詎少聽磬數而思封疆之臣
者耶何于聞之而如無人門焉者

蹊逕幽別。如入古澗援梯。九想都盡。原評

古意下可到。似贈似答。若絕若連。幾于海上神山。縹緲欲絕矣。

俗子從何處問津。朱渊表

子華

周

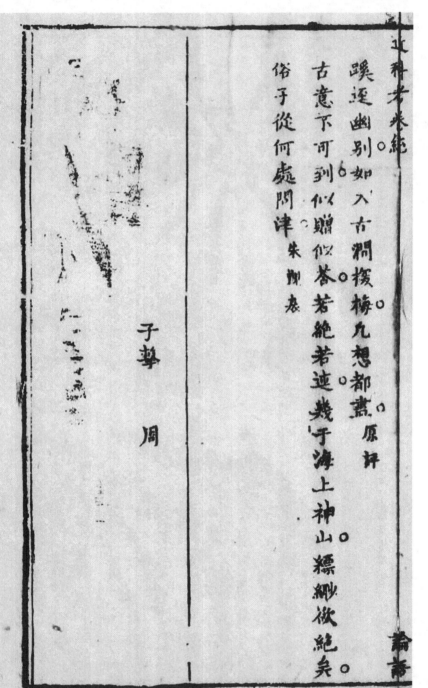

子擊磬於衛

邵泰

聖人若有意于衛其所擊有足志矣夫夫子何以擊磬耶蓋不忘夫衛而託于音乎且吾子不用于魯而去之衛衛之政猶魯三至焉而衛猶是衛也子猶是子也情之所動一往而深必將有所寄以傳者適一日者子擊磬于衛焉讀書而溯虞庭之傳將兩階戛擊已絕響乎予不得更逢其盛而目前之天命人事感從中來而不可斷絕者其不覺依我磬聲矣刪詩而懷周庭之縣設西京考擊尚嗣音乎予不得與觀其成而中心之撫時感事鬱于莫解而或徵之鳴者其不覺傳之衛地矣嘗聞磬以去辨而衛則幾無辨矣以孫祢祖而忽泰世及

以當以祖易宗而不惜稱名之悖乎來必不撫膺而感也而能不思
今有
所以辨之乎則其擊也殆欲衛闢之而動正名之念未可知也擊所
外○非○妙
以敬而衛則幾不振矣思康叔之流風了不可再覩武公之遺澤瀕
不獲興乎未必不驀目而傷也而能不思所以振之乎則其擊也殆
欲衛闢之而紹富教之思未可知也想衛也地多君子考槃邁軸寤
時　淇○衛○美只
歌之侶在焉而乎俯仰其間不聞有剛腸之應而乃獨處以自寫其
素懷欲想衛也聲多靡曼桑間濮上亡國之音作焉而于樓遲其地
意亦有審音之志茲乃有懷而欲后其舊習欲纂目者三終之奏援
不果○然○難○歷
自○陪○側○下○俾○小
琴以寫憂匪兕之傷鳴絃以見志丁謂徘徊營澤之墟而更鼓之磬

子擊磬

邵

以自寓他日者驅車返魯托雅操于幽蘭適晉旋轅悲歎于河水不謂周旋楚丘之境而獨托之琴以自鳴（衛風○衛人為引詩作法）碩人秉籥翟而吟矣而首若彼慕東土之治亦泠泠乎有微妙之音賢者出北門而歎矣而予若寄諷邶鄘之濱亦渢渢乎有哀思之欸意于向者以琴而寫矣夫茲復以磬而感荷蕢矣

雖借下文意思為擊磬于衛于點染入後卻是正若樸樹交蔭雲垂煙樓

子擊磬於衛　則揭

江南法宗師歲　胡光億
入寧國五名

原評：駿興，發

聖人之心傳於磬隱士之意寄於詩焉夫子之擊磬亦自寫其心也乃荷蕢識之而又鄙之其引詩以諷也亦惟知有已焉而已且聖人之於隱士久矣夫其心之不相謀也然亦有時而相識乃

原評：海涵□□筆神□遠□自

聖人方托物以自鳴而隱士則竣辭而致諷惜也其相識也終未

評□無□

問淇也如子之擊磬於衛是已蓋吾子棲遲則國嘗三至衛豈無

中淡帶下寫者乎揮目光足之出

沫上而誦淇泉之詩猶然于康叔武公之德乎亦豈以衛多君子相與周旋想其相知之雅乎此固吾子之望也而兹之擊磬者何居邇大莫容而世無知已偶一擊以自寫其悠思悠然一室而壯

心、難已，聊一擊以自慰其寂寞，初未嘗自解其何心也，亦未嘗料

原評冷雋

有人聽之而識其心也。而孰意徐徐而過其門者，乃有荷蕢其人

兩節挂遞句法

也哉。夫過則過矣，乃徘徊若留而嘆其有心，一若有夙昔之知，嘆

則嘆矣，乃嚚然相刺而鄙其不已，究未免中情之隔。嗚呼，荷蕢

原評識詩外出波瀾

有心人哉。何于擊磬者既嘆之而又鄙之也哉。公庭之萬舞，北門

意緊二新文勇大藻活不群以致

之感嘆，其心之眷戀可覩矣。彼既嘆其有心，則是詩可詠也。殊了

之徜徉，碩人之在澗，其心之幽閒如是矣。彼既鄙其不已，則是詩

可詠也，而乃誦苦葉之詩曰：深則厲，淺則揭。瀰瀰有詞，不啻與門

内之磬声相為贈答，疊疊不已，不啻與擊磬之有心相為刺譏。彼

豈以子為昧于深耶而抑知斯世淪胥去十不得不急救之者此正深則厲者也抑以夫子為昧於淺耶而抑思遯然高隱夫子尚不忍自甘者此正淺則揭者也而彼之䰟々者惟執其斯已而已之念以為藉此以動擊磬者之心焉嗟乎是其實有心也第偶感而一動而其引詩以諷也終固執而难解彼以為擊磬者硜々也而抑知（會鈞聲然）其引詩也誠硜々也哉

工於設色令人耳目一新　原評

設色處妙在切而能淡不似他手鄙薄荷蕢塵氛聖人多作翔世之談有意無意之間遂成高致　岱雲

子擊磬於衛　節（論語）　胡宗緒

子擊磬於衛　鄉借刻吳選癸未小題　胡宗緒

聖人之心有聞而知之者焉夫擊聲中果何心耶豈子之心至是（圓俗）而有者耶然而荷蕢者不可謂非識微者矣今夫人兩相遇而不（似對晉人談）相知大抵無心之人而已矣乃亦有兩不相遇而相知有心者不（敘題用二比整而逸）言而無心者太息此其間有微妙之通焉一日者子僕僕爾而至（炎六一句一轉）衛于於衛偶然而擊磬德是誠何心哉莫予聽也已何擊耶然而嫋嫋餘音早已訖然而聞于門之外矣斯時也有人焉頷頷然（敘次冷雋得公羊佳處）來前過于門喟然而長嘆嗟是果何人哉荷蕢則荷蕢而過矣（畢敘出淡）歎耶然而有心一語早已悠然而聞于門之內矣是故門以內一

栖栖皇皇之聖人門以外十閒閒澹澹之隱士天下在心磬聲在

（神致）

耳吾知荷蕢者欲疾趨而過不能遁彼定有所感而擊也此亦有

（超然象外）

所托而荷也心亦有聲耶聲亦有心耶吾知荷蕢者欲嘿嘿無一

愈不能耳是時蓋有化機焉神明之動維誠斯形聲音之妙維感

（[illegible]聚發自寫化机天天一片神）

斯神彼夫靜虛之地廓然何有乃隱隱有動而清磬發幽響焉其

（致更為超越）

幾微欲斷耶要渺之中冷然無語乃恍爾遇之而泉石得知音焉

其所過自化耶雖然已矣荷蕢者歎苦葉之詩而去矣

山寒石髮瘦水落谿毛凋文境似之有心哉擊磬乎此句尚

無收意寫得兩下情景悠然　荊山

有洪

筆筆欲仙。慶曆諸公。為之避舍。郎幸未

見夜聽石鐘水鳴。噌吰鏜鎝。彷彿似此文。當不蘇未

子擊磬

子擊磬於衛　二句

吳縣　鄭　錦東才

擊者與荷者不相謀恐虛此一過矣甚矣一擊磬一荷蕢不問而知其情相左也過不遽過如此邂逅何今以天機之流露於斯人也各事其事而一舉止間已隱傳其意趣而如不相謀乃不相謀清偏而相值此既有所緣而寄彼更有所托而逃千載下聞之見見令人歎所如不合者之後所過輒左也春秋時孔氏之門榮供（先按見位）有過而問焉者而衛邦何地吾子顧戀之久居此哉父母之邦不可為羈身異域兄弟之國或可望觸緒縈情一日者子於衛而以擊磬傳夫格祖考而幽明盡屬知音舞百獸而人物胥賡同調何

旁開青玉峽飛出兩條龍

獨非鳴球戛擊之休風也哉乃不於帝庭覲見之而徒於列國懸擬之悲矣（歷落）且也採風閭巷滛哇來淇上之音問政宮庭靡曼聆新臺之曲吾子不得握政教之權正姦聲（眼目）以扶輪大雅而祇自唱自和於高山流水間也抑又悲矣然記者珥筆之意不止是使當依我磬聲獨處而無與為聽則逸韻遙飛誰為傾耳乎前之人祇結離愁於客路後之人孰追遺響於匡居所可異者室中之雅調與户外之履聲相酬唱而擊磬者乃足有千古耳行〻止〻性情與泉石為緣踽〻涼〻意態於煙霞為近則有過孔氏之門者而以荷蕢傳夫明大倫者義在君臣與斯人者群分鳥獸何獨非仔

（聲淨兩山風雨合離）（首尾一氣）

肩負荷之苦衷也哉乃不於廟堂弛其擔而欲於畎畝息其肩孤矣脫也荷正名之責何至釁起宮闈荷公室之衰安在習成怙終以彼不充當富教之任引同聲以商確車中而祇獨往獨來於泉源淇水間也抑又孤矣而爾時紀載之意不及此使當日過門不入一往而莫與為留則萍水相逢何須同志矣門以外不作招隱之流門以內孰磬中藏之結所可異者高士之奇蹤與至人之響相延佇而過門者不虛此一息耳（微妙）嗟乎勞逸判斯人之局其業本不相謀遭逢在俄頃之間其迹若轉相值鄙也歟哉一擊磬之初衷也果也歟哉一荷蕢之故態而已矣（兩痛到底）

守溪鶴灘前輩多作兩扇格要以如題直起如題直收無牽合扯對為上乘此題擊者擊荷者荷兩ㄱ寫照乃恰ㄱ機鋒覿柜其法而又能神明吾意

子擊磬於衛　節（論語）　姜本立

忽賦于

○○○子擊磬於衛　節

江南陳道臺觀風錄　姜本立　庠姓
江府學一名　東

心以磬傳、磬忽以人傳矣、夫子之心、于衛何私、于擊磬何託、而荷蕢乃聞磬而輒歎也、其忽然相感也、如是夫、嘗思天下至不可忍之故、目擊焉而使我心惻者、非必大聖人然也、當其始、顧雖高人逸士且有不謀而合者矣、即如簡兮之詩、衛之碩人所不得志于世而假物以鳴焉者也、其卒章曰云誰之思、西方美人、西方何慕、大約可概不可名、姑為之約略寄志、一旦子擊磬于衛、有心[illegible]其心[illegible]為衛[illegible]非為衛、欲過孔氏之門者、俱莫辭其何故矣、嗟乎、然、三衛哉、遂[illegible]今德猶有存焉者乎、菉竹雖歌、嘆圭璋之防遠、[illegible]雖賦、悲松柏之

云荒惟茲淵淵餘音聊寄此心于淇水之宗邦數至緜想孟侯不猶力
胙也乎作新有諸諸思含舊而謀新如保從傳不從視氏如亦于獨
此悠悠搏拊僾得一擊于泉源為徵於非為徵於真矣解其何故矣
崇○虡○虞○業○與○結○磬乎○應
乃不意有人焉乎壹不知其人為何人乎壹不知其心為何心也倘
聞磬而忽歎也曰有心哉擊磬乎門以內之磬聲若與門外之聲相
從夫子說來○
感發是何其于不自禁之中窺夫所獨存之意也乎天下心與心之
寫荷蕢即寫夫子○
從荷蕢說來○
觸動其撓也固如此乎門以外之歎聲幾與門內之聲相酬答是何
其于不盡寫之中得夫所不窮之感也乎天下心與心之相會其微
調○兮○
也固如此乎嗟乎人藏其心不可測也異我者無論矣即以平居相

慕悅極手取懷以相與真若知我心矣一旦不平之鳴人誰可告語者。以此見心固不易知知心者尤難其人也彼何人哉彼何心哉抑何與擊磬之心不謀而合哉微而察之第見其時有荷蕢而過孔氏之門者

（與起呼應）（倒結出冷淌）

（俯仰揖讓出聲六一之神）

作此題者。首一句非點綴擊磬即鋪敘歷游列國等語耳。下二句非播弄荷蕢。或先將荷蕢抹倒作跌轉將口氣頓纂耳。斯文瀟神題外。靈曠絕倫。所謂指與物化而不以心稽者。樓樓塵埃何微茫見。通悟不出荷蕢句臨了一結。與吾鄉月帆丈手謂予幾篇。一雋妙。六小

子擊磬於　一節　馬俊良

聖人聲以傳心惟有心者能知之也夫〻子心乎天下者也而磬以傳焉彼荷蕢者聞聲而知之亦有心人也哉且夫最可悲者爲

直提心字

射馬論王手也

聖人之心乎栖〻不已遠適人國君若相不能知而以悲天憫人之懷托之憂擊鳴球之下亦豈望有過而知之者乎而不謂知心之言且自戶外來也君子于是歎春秋之世其淪棄于草莽閒者固不乏有心人也如子之于衛是己今夫衛非可與有爲之國也

從衛叙起

棄于伶者執籥而思美人甘于隱者考槃而樂在澗彼其人何如

借出心字

人而其心又何如心哉吾夫子心不忘乎天下用魯不得轉思用

衛轍環凡三至焉乃康叔武公之澤沓然其不復見也憂從中來

頓跌好喧是一節

不可斷絕有磬在懸爰用一擊噫予之磬心寄之矣予之心磬傳

之矣追思擊壤之休唐虞去人不遠夫何至于此極也明王不作

切天

下說

天下莫宗聊以一擊寄東周之願此心固不堪自問一回想擊石之

盛明良近在人間胡竟所如不合也淇水在右泉源在左姑以一

切衛說

擊存富教之思此心亦安忍告人一于時依我磬聲初無同志而心

虛點荷蕢者一筆兜落末句力發是題矩矱

之憂矣忽有知音曰有是哉其擊磬耶其不徒擊磬耶擊在磬也

二比順口氣寫

心不在磬也不為和平而為感憤殆以周京之寤歎秪之后藥之

掌予以為磬之聲也而實則心之聲也不以立辨而滋竊憂殆以

中谷之仳離宣諸有替之奏乎有心哉擊磬乎益門外之歎與門
荷蕢句的在此處補點
內之響若相應答然噫異矣誰與為此言者曰有過孔氏之門者
誰與過孔氏之門者曰有荷蕢者也然則此荷蕢者其為人也
結共二股心靈
可知君子謂歎有心者是亦有心者也倘止此有心一言而竟荷
蕢以過即號為孔氏之同心奚愧焉

先將夫子擊磬之心寫得纏綿悽惻方落到末句一唱三歎然
有深情荷蕢絕不鋪排并預貶一筆立格既高相題更細

子擊磬於衛 二句

江蘇夢宗師月課
長洲縣學一名 徐孝始

因所擊而詳所遇、偶相與于無相與也。夫子自擊磬耳、荷蕢自過耳、而無與矣、第何以于方擊而即有過之者在也、故特詳之、且夫人氣不必以類從。而事不妨與時會。故同則合。異則離者。人情也。亦有鳳雛鳥。而其往其來。忽合焉而若遠若近者。昔者夫子志在四國。入則停車。而齊、陳、楚、蔡、請匡、往往過高人逸士。亦不與孔氏同趣。即至衛者三。其閒碩人、執籥、公庾、北門矣。歎王事吾惡知其必異乎人耶。然姑勿論。吾子擊磬一事。且子果何為而擊磬者。吾聞磬以立辨。衛幾不辨矣。擊所以振衛。又不振。蕢甚異者三。然

○神○勢○快○遠○

有奏援琴寫憂匪兕有傷鳴弦見志茲衛也孫侯康叔之澤無恙
杳武公文公之韻尚存杳銅為客館褒衰無所聊賴恍若嗒焉寡
和寫愁緒于琴中儼爾杕門寄獨情于一擊昔淨泗濱今鳴淇上
果其誰實同調也哉顧吾思人當斗室明居風瀟雨晦恨吾人之
不見徧抑鬱其誰語及夫意之所感觸物流連而耳屬于坦不禁
延佇觀于卑有鶴聲自對闕宮有鐘音從外得猶此志也況既和
且平依我磬聲當年帝廷之所撫猶且舞百獸而來儀矣今自聖
意之渦宜漫苛立王門而不入不然擊者自擊亦適過者自過耳何
以孔氏之門競傳為有荷蕢其人也者夫荷蕢何人也自昔維民

有四類托一業以終身荷而蕢也農歟賈歟抑其偶焉出此況聞

形、有情

以內卯非據纓安弦宛追搏拊之盛門以外竟如躡蹻擔簦儌間

山澤之癯門以內鏗爾有音不許傳聲于過客門以外歸然獨立

点、綠、鏈、朕

弗燃習聽於主人見有荷蕢而來則荷蕢目之噫巢父不傳其名

翳桑不告其姓若是哉乎乃說者謂欲不得其平則鳴者情也而

緻、去

渴一知己可以不恨蕢亦幸也第涞之鄉矣猶然羈旅大聖人亦

常、排、髙、甚

寄至不平者而寥寥擊散藉以解嘲至過門者不識日凡幾輩又

安所得知己者而訂之夫亦漫擊者擊過者過耳擊者不期而為

過者聞過者不期而與擊者會耳此特偶相與于無相與也

衷猶宕往味衰于明息心與匝乃於道乎大適 原評

一頹然天放古趣流行抑屬之從矜鍊而出而句以雜為含羅浮

風雨恍于開見華累閒過之 朱觀察

子擊磬 徐

子擊磬於衛（論語）　項煜

子擊磬於衛　　項煜

聖人之窮也，而鳴其意於磬焉。夫何以擊磬，何以擊磬于衛，此必有所託焉者也。子嘗受琴于師襄矣，襄也司磬，意者擲拊之餘，亦示以憂擊與。然則磬必子所善也，在衛之擊，安知非偶一及之也哉。雖然，吾聞之夏后氏矣，曰以憂告者擊磬。豈與憂偏近耶。吾夫子進不得為行，退不忍為藏，而憂可知也。夫是故寓之一擊也。雖然吾竊有說焉，彼所謂舞獸而諧尹者，夫非磬也耶？詠虞賓而格祖考者，夫非磬也耶？胡為乎變擊之，則協氣予擊之，則憂思也。知之矣，夫人意之所至，手輒應焉。俄而高山，俄而流水，大抵然矣，而何獨于擊磬

上波只為下有心二字映帶

季路然吾又以為未盡是也子之憂所在皆是耳而獨于衛者何一季（轉出衛以來）

閒磬之音主于辨也衛可謂無辨矣祖孫父子之間其幾紊乎子故

季磬焉以寓正名之思也且磬居條理之終所以振也衛可謂不振

矣康叔武公之治其幾頓乎子故擊磬焉以寓富教之思也不然亦

安在其為有心而動荷蕢者之低徊也哉

小說體段〻恠幻　朱詢稿

送情冷致于題似閒不知句〻藏着有心二字在內文之起伏斷

續俱以神行所謂尋尺而有萬丈之勢也　男亦鑾謹識

子擊磬於衛　一章　　　　華宗源

聖人心爲其難、非忌世者所能知也、夫惟莫已知而不容已、是以難也。擊磬之心、荷蕢者烏足以知之哉、且夫人逢世難（捨難字）乎避世、難乎避世者難也、避世難乎持世、難乎持世者難也、夫在異日、必無苟富貴之失、而在今日、并無徒貧賤之懷、此持世之難、避世者往往而不察也。吾夫子周流久矣、諸侯王無有知（知字）者、此時夫子之心（心字）、欲已（已字）難、欲不已難、欲已則顧一世之淪胥、而不忍欲不已、則待一時之過合、而無期、欲不已則後此展布者何地、而不思息肩、欲已則前此栖皇者何爲、而遽思改轍、其在衛而擊磬、蓋悲天憫人、而進退維谷、不能果（果字）焉

[illegible]

一決之心隱々乎寓之乃有荷蕢者甫聞之而遂嘆為有心也夫千

（俗調未盡除）

古之有心者蓋未有不難也舉蘷稷契嘗有心斯世矣而所司皆極

難之事、呂召畢散、嘗有心斯世矣、而所奏皆極難之功以彼其材其

經綸天下者若彼天下後世之倚賴者若此是惟幸而遇明君遺聖

（跌宕感慨）

主也設也終身偃蹇遂能晏然已乎悲哉其有心也有知已者難無

知已者愈難而荷蕢所鄙為硜々者乃曰莫已知而不已也夫亦思

已之所以求知者謂何而可已耶世之至於莫已知者謂何而可已

耶而且為之詠衛風曰深則厲亦思大川之險有顏與爾共濟而不

容爾之獨厲者所以難耶曰淺則揭亦思褰裳之慨有願與爾同免

而不容爾之獨揭者所以難耶夫子聞而瞿然曰果哉同為斯人之徒不意其若是不相領也目覩天下之窮不意其若是不相関也夫寧已者巧而不已者拙乎予非獨拙也夫寧已者智而不已者愚乎（清旋可愛）予非獨愚也亦曰是非予所難者故不遽已耳如曰斯已而已矣（飛動）果哉末之難矣蓋天下事有為其易者而難者見隴畝之間棲遲自得而吾君吾相乃至獨任其勞有為其難者而易者安廟堂之上拮据太平而一丘一壑乃得各行其志吁荷蕢既已為其易而能使夫子無為其難乎夫子不為其難而荷蕢猶得安於其易乎蓋千古之有心者未有不難也

本科文衍慶集　論語

迴環穿揷煙波萬狀。鄭崟陽作雖有風趣。然太覺寂寥。故當遜此。

于擎齋　筆

無

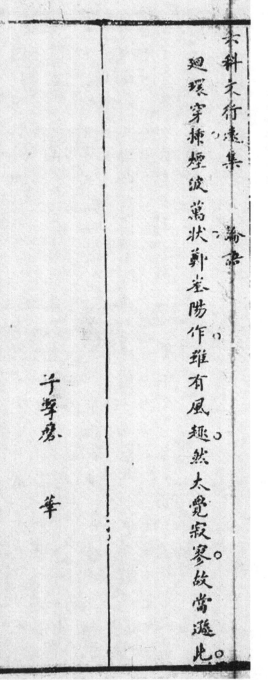

子擊磬於衛

江南楊學院歲入上海縣學一名 黃中

記聖人之所擊器與地俱傳矣、夫子所不忍置者莫如衛也、爲之擊磬豈無故耶、昔夫子轍環之下、初未嘗偶焉遨豫而托之于音（反起）以快抒寫也、乃聖朝歌之舊墟、獨再至三至不以爲瘁而羈遲客（正貼于衛）館且憂然有所托以見志焉、則如擊磬是已（正貼擊磬）、夫磬之樑于泗濱也琢而成之、其聲之至和者、殊足達人欣喜之思、而可以達其喜者（一比極磬字分意）未始不可以達其悲也、磬之掌于磬師也、奏之堂上、其聲之至平（正見有心）者殊足寄人悅樂之意、而可以寄其樂者、未始不可以寄其憂也（照莫○已知）子之于衛而擊之也、何爲欸、蓋慕唐虞而企禹皋、悠悠斯世大道

○○○○觀○擊○磬○○○○○○○○○○○○此○比切衛作翻與○前凡

莫容則設鞀懸鐸之盛僅供想像于千秋歷姝土而賦衛風俣〻

有○遠近次第○○○觀○擊○磬○

碩人公庭萬舞而執籥秉翟之思幾成同調于今旦適有磬在取

○二比樓擊○字發意照○下有心

而擊焉擊之疾也迫而欲鳴不自覺其疾也擊之徐也積而未盡

原○許○好○儆○演○者○上○不○能○如○此○尖○巧○

不自覺其徐也而餘音嫋〻不絕如縷轉形旅寓之淒涼也已擊

之高也動而莫遏不自覺其高也擊之下也礴而莫伸不自覺其

○并○燃○莫○知○已○　一比衛之

下也而清越以長其終詘然不勝意境之閒寂也已康叔武公之

○君一比衛○之民俱照下○有心

德邈矣無有而擊以傳之恍若先君之可作旣庶未富之民何日

然想而付之一擊又若愁苦之時聞況聲主于振衛之式微不啻

○原許此亦有心○人心事不徒○從衛字滲○○○○○

不振矣傷積弱之難返而日即陵夷莫知所底意者病其不振而

以鳴球諷之歟抑磬壬于辨衛之行事可謂無辨矣欄倫紀之佐

乘而名分不彰萬事俱失意者憂其無辨而以磬聲寫之歟獨是

此以彈琴于魯觀擊磬于衛　映荷蕢

昔日之在宗邦也彈琴如見審聽者師襄在焉茲之擊磬初無師

吸下　此以歎詩于陳蔡觀擊磬于衛

襄也而徒侶甚孤深情曷訴即異日之厄陳蔡也曲終圖解酬答

者弟子在焉茲之擊磬并不及弟子也而蕢音雖索彌覺悵然歎

意有荷蕢者之過其門也哉

從下文發端不多着客意大雅之遺　楊晚研先生原評

擊磬自須點綴設非埋伏有心引動荷蕢即浮豔足耀俗眸無

奈脈絡不靈矣靈心四映者乃不啻容光必照也　孝存

瑤楷集　論語

鋪排故典。每普下文毫沒交涉。或從于衛抒論。或從磬字落想。或從一擊生情。皆與下文激射。遂能得聞磬感觸之由。如廻翔于紙上。　儒醇

子擊磬　王

子擊磬於　一節　　歲取鄭縣一等一名　黃　勉

聖人心以聲傳隱士始聞而若過之焉蓋夫子於衛而擊磬固不得謂之無心也苟蕢者過而嘆爲不然若知聖者哉且自大道之行而未遠也聖人之志乎三代者即無日不以其心與天下相際而聯環之下老不得用久鬱鬱居此焉蓋不勝天時人事之感矣故時有無端之寄慨以鳴其不自遏之幽思而不隱者流亦遂有聞磬而相譏者吾竊怪夫天下無心人偏能入有心者之意中而代之言也時至春秋天下之待治也實甚夫子生於其時心豈嘗須臾忘天下也次故魯不得則之周於周不得則之齊於齊不得則之楚之陳蔡而於衛尤致意焉頻終窮於行旋挾其期月三年之效七十二君一無

所遇此其可以術仰太息而與當世之侯王君公興道致治者惜也
蓋聖人之窮自孔子始矣一日者淹留於衛援磬而擊之其擊磬耶
其止於擊磬耶夫人中有所思往往假之於器寘之於聲而其所假
以宣者亦遂足令一時之聽而慕之而喟然以興而況吾子之擊磬
耶微荷蕢者言固知其爲有心人也雖然夫子亦何恐不有心也天
運而寖衰矣君臣父子之倫已蕩然其失序夫子以天之心爲心即
何能無抑鬱之意也夫固欲君遂於令臣遂於共父遂於慈子遂於
孝使開闢以來之道教各止其所爲以無戾於天心而夫子之心始
即安矣而卒不能也夫子何恐也且周室而既東矣禮樂征伐之權
久渙散而無統夫子以人之心爲心又何能禁悲憫之懷也夫亦欲

禮無僭禮樂無僭樂征無僭征伐無僭伐使文武以還之號令各得其分爲而不傷於人心而夫子之心始晏如矣而究未能也夫子又何恐也嗟乎夫子之心磬傳之矣初不期夫人之傳之也即門以外之戴者負者歌者泣者何可勝數亦皆爲弗聞也者而過之荷蕢何人乃一聆音而慨慕如是乎不可謂非孔氏知己者矣獨是跡已勝於南畝名不留於人間始而冀者天地生人之初心也嘆而不能盡化者幽人遯世之故習也孔氏有心何堪其轉計哉

批　聖心與天地同體原無不平之鳴擊磬特寫其中之所寄乎于照定此意實發識力奇橫一結如觀蜃樓變幻忽然而止亦似東風海雲矣

子擊磬於　一節　許琰

寄物以寫心亦相感者機也夫磬何以擊有心者擊之也子心寫貫也心感矣謂非機之相動者耶且夫人之心有所蘊必有所宣有所宣必有所寄其寄之也非無因則其宣之也有共吟吾烏知夫不同調之人而必無偶知音之會也如子之於衛已夫子之有心於衛也久矣富教空懸賡賑輾而未息再三以至振聾瞶其無從孔氏之門誰過而賞厥徽音者雖然亦有過之者矣夫過則過耳乃將過而未過行甫至而即停欲過而猶遲於過耳乍傾而若動且行且止且止且言曰門中人門中人豈非有心哉噫斯非荷蕢者與而於何知

以逆調寫愁情嘗三月猶飫

心耶蓋子於衛時方擊磬云夫身歷九州而栖殷殷焉日抱其心以梁麓注念於斯世斯民而未知夫天何如命何如出而所如不合百端交集耳乃存之心者應之手則是以極勞頓之身反類極幽閒之景而極清冷之器反成極憂鬱之音人寫物物且寫人也子之以擊磬動妙語荷蕢也是一異也志在三代之英惓惓焉日遊其心以想像於大道大公而獨是夫天可悲人可憫忍而與此終古有情誰遣乎乃意微寓者心共白則是以不相關之器而傳最關切之心且以不相知之人而作深知契之語物寫人人亦解物也荷蕢之以擊磬知子也又一異也噫無心遭逢耶有心遇合耶今而後不虛此擊磬乎吾意孔

緒語沿臬疑亦錢才子神来

氏者必將出門以迎欸曲談心彼荷蕢幸毋束裝徑過使曲終人不見也

哀怨微茫自是有心人語此種名筆應從痛飲讀騷得来　邵大雅

清遠閒放對之神怡應是君身有仙骨耶　陳一侲

子擊磬於衛　全章

江蘇學院科覆　郭長源
部縣學一名

聖心有不辭其難者、非隱士所知也、蓋子誠有心人也、荷蕢殆唉矣、既從諷之、惟其果耳、抑知果固不足難者乎、且與天下相往後而不忍一旦決者、獨有聖心耳、故憂思所感、雖一往不及者、亦將動其心而結念、徒殷在無意人間者、終難執其口、然天下事何惟是毅然舍去、則一忍人優為之、揆諸聖人之心、終非其所樂聞也、已在衛之擊、吾孔氏不忍忘世之心、於磬乎傳焉、維時有荷蕢者適過其門、夫荷蕢何如人乎、迹其致非仕非隱、入囂塵之內而自寓孤高、將人國安危早有所斷割、以堅其顧、聽其言若愛若譏、值

感發之真而曲伸已見則長謠世宙更無復輾轉以章其懷一果哉
閒、、
、熟、、
荷蕢是豈知擊磬之心者然而莫謂其不相知也人與人即熟視
飛○動
一警○句○不、
無覩而吉凶同患之心未始不隱然其欲流是以擊磬者存乎澤
警○肯○斷、
澂而告以憂聞磬者亦若驚夢魂而醒其寤而作相接者遂已相
蒂○起○次○節
迎曰有心哉擊磬天壤之內固有其不可已者乎然而莫謂其竟
相知也人與人苟掉臂不顧則枯槁自矢之情終覺蚪斷然而莫
易是以其始也若肝膈之本相通其既也亦若臭味之不相親而
蒂○起○未○斷○
投以樂者遂報以詩曰鄙哉硜硜淺深之間豈猶有未決于心者
乎悠悠行路乍類知音蹢躅中途忽歌苦葉君子謂荷蕢自成其

果耳彼豈以天下之難者惟果而有心人殊莫與及哉情亦知栖栖者何其不已然斯人之徒誰非一體正惟行與之訣斯不忍不少為躊躇耳而知同期于果也則當其安居泗水本非廊廟之身帶寫音節殺情無兩即今者三至沫邦依然衆許之跡易無心為有心與其易知轉圜矣斯即以今日為懲置之始何不可乎情亦知滔滔者天下皆然顧天之生我良非無為正惟付之一擲乃不得不少為鄭重耳而知帶定次擲曰必於果也則往者臨河不渡原無褰裳之思即當大鈍嚮迷津點化妙亦有濡軌之意酌淺深而合宜其易如置棊矣斯即以荷蕢為息轍之人何不可乎果哉末之難矣蓋夫子有不辭其難之心而荷

蕢有莫知我艱之意。微特荷蕢也。今之功名中人。其視此有心為何如。宜予不得已而托之磬也夫。

故應繫着果哉二句。乃次第委折而下。不令急搶來脚。致脈脫也。後半點化上節為廻抱。深情麗筆。蚨岩可喜。

予擎蓉　郭

子擊磬於衛　二句

錢宗師科覆一等　陳　梓　文泉
田縣學東金一

門有磬聲與過者若不相謀也夫夫子之擊磬為衛擊乎抑不獨為衛擊也彼荷蕢何人而乃過之自其門耶昔夫子轍環列邦所遇多隱君子於蔡遇沮溺於楚遇接輿二人者附聖人而名以傳矣至若羈旅他邦古調獨彈賞音幾絕彼汎汎相遭其湮沒不彰者可勝道哉乃日者有擊磬於衛荷蕢過門一事兩乎子自擊磬耳於荷蕢何與乃荷蕢獨以過子之門傳則必非無與於子也大抵人不必以類從而事多適與時會故志向各異固分乎不得不分而避追無端又合乎不得不合此其間孔氏之遇荷蕢歟抑荷

蕢之遇孔氏也正可從容以觀矣生不逢鳳儀獸舞之盛陛俞殿
贊此願已屬空言乃清響初傳忽動淇泉之逸致旅人之手拊未
（吹竹彈絲清響冷冷正足動聽）
停行客之踵聲相續意當時尼山木鐸實啓衆聾彼門外人擔首
（此對木節）
於天地民物之任未易仔肩而自顧區區所負幾何也則如疑如
慕有徘徊而不即過者矣志欲易桑閒濮上之風實大聲宏及門
久憐絕調乃沬邦遺興忽來石隱之高蹤作者且懷西歸之音聞
（此對次節）
者幾改南轅之轍想當時魯國金聲難諧里耳彼門外人行歌於
（頓宕風逸）
擔簦躡蹻之餘自為唱答而忽爾颯颯誰歟客此也則耳却月前
又有招搖而即過焉者矣荷蕢其為此乎其為彼乎蓋在予也去

齊去魯。羇栖本屬無聊。追撫片玉於隣邦。依我磬聲。不勝一唱而三嘆耳。籥翟萬舞之外。此聞難索解人。而借遺器以寫憂思。亦僅等於息喟有操。曠野有歌之例。其在過者。不士不農。溷跡已非一日。彼習負擔為常業。望門不入。依然咫尺如千里耳。宮牆數仞之（孔氏）高。此中不知何似。即使蹤跡偶成假合。亦豈足附於師襄論琴實并論哉之班。然則荷蕢雖過孔氏之門。吾未敢即謂其得當於夫子也。乃不謂有心一歎。猝能知吾夫子之心。宜乎其人其業與聲（古音）磬逸韻。並傳至今也。

（之門四字生色）

錢大宗師原評

置身千仞𨚫仍就題界盤旋無不絲絲入扣故佳

汪稼門夫子評

清和圓轉風發韻流

鄭蘊石山長評

兩句串攏合發滿格局生動筆意亦芊眠春麗此文之有姿態者

林敦泉先生評

題敘文議題整文散其意旨遥深聲調激越乃恰與題分相副

是神似非形似

子擊磬於　門者

錢大宗師科試莆田
縣學一等第九名陳一桂

誌聖人之擊磬有不相謀而適相值者焉夫衛也何以有磬聲哉乃子偶焉擊之荷蕢亦偶焉過之是可並誌之以覘春秋時諸伶

收徑自別開合天然

偕隱有擊磬襄者終以入海聞吾子過都越國臨河返駕意必復萌浮海之思與襄結儔侶乎抑知情苟有屬身不必存遠處之思人不必有求伴之意唯是不平之鳴有觸而動而忽有實然來前者莫或招之而若或招之也今夫衛濱大河固所稱都會之區而賢人君子時相過從者也一日者子至衛其有大望於衛乎大道

高視闊步

之行也聖人方欲以一身荷天下蒼生之重相與翊贊于廟堂則

蹩卯沐土安必無畸人傑士同出而鳴國家之盛郅治之隆也聖人正欲以一身追鳴球戛擊之休用振尼山之木鐸則發聾振聵夫豈以時移勢阻即物而抒拂鬱之情然則子之擊磬何為者吾想赤匪狐黑匪烏同歸有好左執籥右秉翟輕世多情而且出北（從衛生情波瀾壯闊掩映多姿）門者嘆我艱矣懷西方者傷彼美矣當日三至徒勤四方靡騁聞孔氏名者晨門識之沮溺諷之吾子異地羈栖蕭然一室偶有磬在取而擊之殆亦情不自禁歟雖然擊之者情不自禁聞之者偏巧相值彼其之子可與晤語乎第見其人古其器樸其里居姓氏（頓宕）又不得而詳相傳過孔氏之門有荷蕢者是丈人楚狂之輩野老

均堪同調豈孔氏之門煙霞亦繞詩書之座然但曰過之祗屬邂逅也以夫子憂世憂民偶寄於一擊令當時聞之者如蘧瑗其人

華情排弄有不可一世之槩

將叩門請謁相與商富教之謀出而仕則咏干旄之什卷而懷則歌簡兮之章豈不相得益彰哉而荷蕢非其倫箕山潁水之風隱士聞而樂慕寧孔氏之門風塵轉眺泉石之癖然但過其門爲猶殊謀面也以衛土沃民淫有磬以立辨設當時聞之者如雝由其

妙與下文有關會

人將留連竟夕相與謀出處之宜進以禮則爲政商正名之先退以義則見幾具保身之哲豈不道同志合哉而荷蕢非其偶嗟乎來何自去何歸不過會逢其適南山南北山北何妨淡以相遭彼

苟責者吾誠不知何許人也。但觀其始終之語。其殆易所云介于石不終日者乎。然而孔氏之心自是傳孔氏之門亦自是俱韻矣

饒有書卷之氣　原評

有豪放之氣有閒雅之趣有婉曲之神殆卷軸在胸而氣味自逸乎　肫伯翼騰

○○子擊磬於衛 全章

歲霞仙遊縣學一等二名 陳樹玉

聖人心在天下故不忍為其果也夫擊磬者之心正為莫知而不能已也而獨難為硜硜而果者索一知己也且遯世之心與入世之心而相左也其心有果有否故其事有難有易此衛之荷蕢所以終不能心孜夫子之心也夫夫子之心本不難知也明知吾道之莫宗然而車可勞也馬可儆也而憂世之初心任百折而不回亦知時會之莫挽然而民吾胞也物吾與也而撥亂之素心自固結而莫解此不欲果不能果也不忍果也擊磬于衛其有深心乎不謂門以外有荷蕢者聞其聲而知之也夫當此羈旅蕭條之境

得一人焉引為知己而磬聲之淒切與歌聲之依永而相贈答亦（閒致）
可藉以不孤矣乃何以始聞其聲一若以己之心〻孔氏之心而
熟悉其為淺為深之故斯人也似非絕于果也者既聆其言一若
忘乎己之鄙反笑擊磬者為鄙而專執莫知斯己之見斯人也又
若不自悔其為果也者蓋門內之心（閑鎖自好）與門外之心而不相謀也擊
磬之聲與行歌之聲實不相關也夫子聞而嘆曰果哉末之難己
惜其人之可以有為也傷此心之終不見諒也泄〻者桑洋〻者
必定居之歲月誠寬而斯人（敢情無限）吾徒豈以滔〻不返而竟聽之山不
厭深林不厭密〻心之迷人信銅而大行可斯豈以數寐之衷而

亦置之孰使我去之莫知不已而不避其難乎孰使我夫子就淺
就深而甘任其難乎惟此心之不能果不忍果耶令荷蕢者思之
當必翻然自悔同矣擊磬之心則卬須我友之章夫子必和詩以
相贈也而過孔氏之門者真孔氏之知心矣
斜斜整整化盡町畦其彝味在鹹酸之外

子擊磬 陳

子擊磬於　門者

陝西俞宗師科
入南鄭一名　賈嵬玉

誌聖人之所擊、復及夫過聖門者焉。夫子于衛擊磬、亦偶然耳。彼荷蕢而過者、胡為乎來哉。齊思聖人過都越國、將有負荷天下之志。乃所知不合、有不勝目擊神傷者、又安望有人焉造門請謁、徘徊而莫能去哉。而况遇合莫覩之餘、托一音以寄其懷、欲求知己之相遇、尤邈不可得也。如吾夫子周流天下、若鄭若楚若衛、罔不驅車而至、止生平轍跡之地、豈獨一衛哉。而毋稽當日竟有擊磬一事。想子當嘗琴于擊磬之襄矣。豈以他日之所熟習、而偶試于茲耶。抑以去年之末、隱寓其天人之感、樽俯之微、默寄其悲憫之思耶。吾意斯時也

然得不欲

叙又入正勁

參本神集　論語

洗拙新出意表

明是音而來者即欲適館之風修式廬之誼況我孔氏與衛史鰌蘧
伯玉輩交最密一旦驟臨於土當必念道範之伊邇嘆音問之暌違
相與過從以致其綢繆之況而竟不然也相傳有荷蕢兵過者夫蕢
其微物耳蕢而荷細人之務耳皆憤時嫉俗托此以終身使人不可
識欲誠若是則山高水長閒以遨以咏可也蒹葭白露溯游從之可
也胡為往來于都邑向孔氏之門而過耶且孔氏之門馳驅以過者
豈繫無人乃有一過者焉則念之矣有再過三過者焉又念之矣而

喟不受餘音繞

何獨荷蕢之過其門且行且止若有感于門內之声低徊而不能去
也其真知夫子耶其真不知夫子耶

有評

一擊一過兩不相關而瞥然觸耳信口會識全于此處看出徹本向而全神俱動自是高手

子擊磬

賈

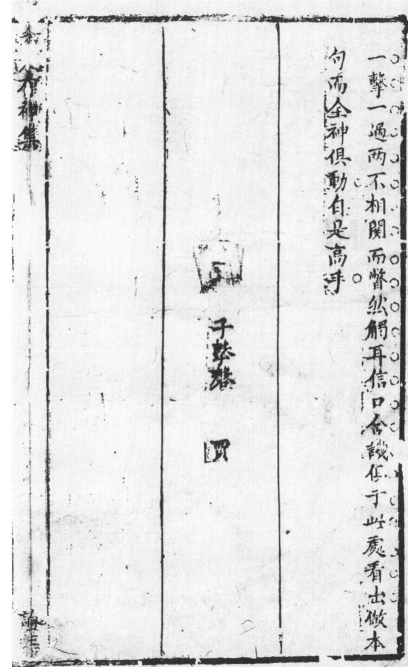

子擊磬於　全章　程汪

有心者不忍于果難難而不已也。甚矣忘世易而救世難也。子之磬磬爲能已哉。荷蕢一于果者也。何足以知其心乎。且天生聖人即以天下至難之任寄之矣。（含難字。正入。）而爲聖人者亦即身受天下至難之任而不敢憚其勞。此忘情斯世者所由好爲其易而大異于聖人之心者也。（逗心字。）聖人之心以天下爲心者也。無如卷遇無期。遭逢難也。（説弄難字。）從政多殆。在位難也。民困已極。拯救難也。而一時之高人達士。又莫不畏其難。若其難而不願爲其難。此聖人之所以愈難也。然而聖人不願也。一日（逗已字。）在衛援磬以擊。夫亦有憂從中來而不能自已者乎。惜乎落落吾徒知音寧少無與共明其心者不意爾時有人焉徘徊門外感歎有心揔以難字貫串其殆深知夫子之難者耶問其何人則荷蕢者也獨是知其難即宜憫其難而相與共濟其難矣奈何鄙以硜硜諷以知止而且誦苦葉之詩悠然竟去此其志非不高行非不潔要之為其易不為其難亦言外有情警極适成其為荷蕢人而已矣何其果也夫斯世之淪胥非一日矣正賴有：心者亟救于其間所以風塵不息雖舉世無所而憂患之情不從神能一日恝也如必抗懷高蹈而置理亂于不聞則一轉念而即是矣深一層對荷蕢何難焉斯民之疾苦至斯極矣正賴有同心者維持于其際所以轍環既倦而斯人吾與縱隱居可樂不能一朝決也如必甘心肥遯而

置休戚于度外則一回車而仰是矣何難焉然則聖人之可已而不已者乃度淺深之宜而善厲揭之用者也（補點無一字落漏）荷蕢真鄙哉硜硜耳烏足以知擊磬之心乎孔氏之門惜乎其虛此一過也

獨往獨來絕無卮詞複其筆端　原評

折得倒荷蕢襯得起聖人　瞿幽敷

子擊　程

子擊磬於衛　一節　　舒敏

聖人心乎天下、隱士亦若深契焉、夫子誠有心、荷蕢何以過焉而輙知也、同心乎哉、亦磬有以傳之耳。且同道者同志、局中之事、久難謀之局外之人矣。顧徵之存乎性情、顯之托于氣數、既有所托以自寫、而識微者遂悠然而有會、正不得謂志趣殊途、而解人之絶少也。吾夫子以至衛矣、至衛者、心乎衛也、非直心乎衛、心乎天下也。引衆人為身者、即為衆人之耳目、聞絃歌而動色、感吟鳳而停車、由外証内、而憂喜無端、動闗天下蒼生之故。寓物而不留意者、即物亦可寫心、正雅樂于還轅、發清音于出走、由内達外而

品藻擊磬高瀚

身提心字譏點醒

情思無限或猶幸二三知己之存是則子之于衛而有所托以鳴也其常也無足怪也子之有托以鳴而人或悠然而有會也其偶也亦無足怪也而一謂子于此有所深幸而又有所甚苦也先王之法物幸存八音而所謂和聲以鳴盛者無有也夫好古之士有觸于一名一家而流連者矣昔何以登于朝今何以奏于野儀舞其不可復覩耶殆將有所滿而求息乎此也羈旅之襟期幸而無恙而所謂倡予而和汝者無有也夫知音之士有証于流水高山而不失聽者矣彼何以歡若平生此何以過門不入版築其尚有人焉即奈何忍而與此終古也衆庶馮生而此食味別聲者且與

聖賢同視聽食息于其中有心者之御曲以傷誠不若無心者之優游以達也然惟彼皆樂遊其生而此愈踰憂而不自克美人遲暮而凡枕流漱谷者亦且與聖賢同翹首企足于其間有心者之身在事中誠不若知心者之神遊象外也然惟此既適中其隱而彼亦徘徊而不能忘詩書曰子擊磬于衛謂其有心于此而非同

將全題一〇齊在末後點次〇古法老

華

澹然也牽連而書曰有荷蕢而過孔氏之門者謂其知孔氏之心而非同行路也有心哉擊磬乎知心哉荷蕢乎

不肩尋行數墨通幅渾叢題意高韻緯以深情燕南筑雍門琴激響清越點題作結亦復脫盡恒蹊

关在揚

子擊磬於　二節

丹陽大學師月課本學一名　張雋

隱士心于忘世故絲與聖心屬焉夫擊磬之心非荷蕢之心也雖曰知己焉乎契之而非疏而之言有與初心果相悖也且夫栖栖者聖人之情落落者隱士之見趣不同也故每干相觸也餘即相左焉何大道不行孰知夫子世無復過而問焉者矣而吾夫子慨東周之可爲思無道之當易托磬于衛意念蹤深不意有荷蕢者不識所從來但（合臺形然）見其悄然過悠然思緋細于孔氏之門也蓋自有心一歎而磬聲遠（子題雖中考乘子累但爲之）矣然而莫謂荷蕢果知夫子也以彼隱逸之跡猶行藹藹也鮮知心漠不與聞矣者不相關矣一旦忽有觸焉則始而悄然既而慨然始

直省考卷篋中集

而悠然既而慨然摯摯之心甚切荷蕢之心甚閒摯摯之心甚殷荷蕢之心甚淡而皇皇者自皇皇也泄泄者自泄泄也故其言又曰今之世誰為知我者烏用此硜硜耶可已不已則亦徒然耳器乎哉深則厲淺則揭有心人所弗遠矣（廻合有神味）嗚呼隱士之見自以為是往往有懷莫吐觸于不相知之人而不禁表暴者大都如此獨是聖人之心非隱士所能知亦非隱士所能議而嘖有煩言者乃徒亂人意也（江上峰青）當斯時言者方終而落磬亦闃矣

雲衢云題若描取正面殊苦生澀索然能手定須得間而入此如史記敘淮陰破趙全在萆山而望趙軍一段出奇也漢階云得解

處全在打通上下消息。不呆作兩層理會。尤妙以簡體勝人。亦在

家應推逸品。二評殊悉此文佳處。

子擊磬　張　雋

直省考卷篋中集　論

子擊磬於衛　一節

主考擬作　張大受

聖人之心寓乎音作聞之而適相契焉蓋夫子之居衛心乎繫之而音以傳之荷蕢者有心之嘆與磬聲俱深矣今夫聖人之於天下未嘗一日稍釋其懷亦未嘗一物不自託於志故動中乎聲音之節默通乎性情之微或相觸而適契乎此可見當世非無人而

寫未如張藻畫松以昔齊下

聖人不致孤抱此意以自鳴也如衛文之昭也夫子三至衛不特

衛能起有心高深異常

淇澳楚丘事感乎武公文公之德亦且山榛隰苓思深於鎬京豈

援法誰厚

水之遺荀大道之可行則志諧而氣暢象功昭德可以致萬物之和乃此邦之獨處則思鬱而音宣金聲玉振磨鐵黼同聲之應是

故室有磬。聖人擊之。此擊何擊也。而誰能聆之。此心又何心也。而誰為感之。夫孔氏之門。過者亦寂若罔聞矣。大雅寢衰之後。陰陽風雨無以協四氣之宜。聖人何心乎。皇然弗與萬物同其樂。擊斯磬也。高望遠志。方將上諮之千載。而豈能見諒於一時。衛風遞變之餘。耕鑿誦讀。無以遂群生之欲。聖人何心乎。愁然直與萬物同其憂。擊斯磬也。一倡三嘆。未聞共和於吾徒。而忽爲相賞於物外。有心哉。擊磬乎。審此音者為誰。諒此意者為誰。簡兮萬舞而外。不得志之賢者。何其共媚於樂律也。師摯師襄之徒。聖人不能遠從之審音。何為復過此隱淪也。此荷蕢者也。乃識聖人擊磬之心乎。

（横。空。開。展。修。着。龍。）

（意。用。然。托。）

（一問一嘆身只題中神趣畢刻）

擊石拊石聽鳴球而允諧既和且平依磬聲而有擇衛衛可為也磬聲何以弗振也門以內繫思於磬門以外寓意於蕢心之會歟（妙）調之同歟設也擊磬未關荷蕢已行正聲留於天壤斯賢詫之夢思百世後誰知為忘世之隱者奈何歌卬風以閒斯有心之音也（餘音嫋嫋）高山峩峩流水湯湯伯牙琴絃也絕調不彈久矣以此鼓吹休明振興多士何至有正聲微茫之歎

王學舒

子擊磬於衛

歲入九名　晉江學　張錫酉

隱於聲以傷衛事聖人之衷苦矣蓋亂在内由辨之不早辨也於以立辨聖人擊之其衷不誠苦哉且夫古聖之隆也禮樂有美感於聞揚拊律諧神通理政治是以琴耽瑟好味關雎者自宮人既肅附歔欷江沱者在汜水念厥芳徽邈難再矣聖人者出騁都越國慨嘆（淡閒綿繞起然入古）人倫而觸物造端以留思諷諫初未嘗自擊時艱而黙然無不平之鳴也雖然列國皆季世也何以久居邶鄘切切生其搏拊之意比與（軒然大波）情必有獨鍾而其衷想亦良苦也則亂于擊磬於衛知其所懷在衛内事矣衛自孟侯受封諸君繼治[illegible]抑戒之餘碩人致嘆於蘭兮

椅桐琴瑟而外考槃與思乎蓆歡過此以往內亂愈甚矣州吁好兵而陵閒遂啓鏜鼓憂沖於陳宋不見論倫無患之休伋壽爭賊而桑淇多愁越舟醜辱乎君兄幾廢終和且平之雅故穡內則於沬鄉悲姬姜之中菁景慕貞儀春秋罕紀隹有妻其絺綌之賢矣死天人之婦而已追靈公即位閨門無別次乎賢君魯哀所爲致誥於夫子也苟使依我磬聲一一立辨執此藝事之微效彼矇瞍之誦庶有務涕蓋吾聞磬之制由來甚久而磬之筆原自有由也有虞揚戛擊之盛成周廣韗磬之休泗濱貢者浮石賦掌者頌笙古人擊磬爰語人憂大抵志托于立辨也世無賞音師襄蹈海我夫子於此其有古人

之思乎以救本木鐸覺世之資而欲響濮上值伶工棄國之餘而寄意鳴球也不然者五鹿頻尼山之駕一至敝東魯之車夫豈不見之而速艾豭之奔過市耻招搖之乘也哉因是知悲衛事日非者聖人之隱痛也緣衛事擊磬者聖人之苦衷也聖人不出而圖衛君聖苟出而圖衛君將撥亂反治治從辨治而男女正嫌別嚴燕褻絕而人倫從此明矣禍亂從此替矣聲音之道可與治通此之謂也故衛之爲國可以擊磬治之者也衛君不明而緣是二女爲亂五世後定發訓不明既古聖之莫擬而忉怛徒增自此亦反魯而正樂矣彼荷蕢者胡足與語此哉

收攝題緊

碍石在海

應起講

從擊磬比切衛事閑照六心淡思壯采濃至若竅格自漢氏之東

子擊磬 張

子擊磬於衛

中辰　張鍾秀

聖人之托于音也、其感深矣、夫夫子豈嘗須臾忘天下哉、擊在磬也、意不在磬也、夫有托于磬者也、吾夫子首欲用魯、其次莫如衛、至其地者屢矣、無如其君行不道、俎豆之事、缺焉不講、雖聖人其將奈之何哉、乃不獲制禮以正其君、遂作樂以誌其感愛、記之曰、（引入最雋）子擊磬於衛、彼婦出走、亦以道大莫容、是用作歌以告哀耳、乃淇水悠悠、忽傳憂擊之聲、何為者也、則不知予之意志喜歟、焉憂歟、（蕩漾入神）美人不作、亦以西京可懷、是用彈琴而如聽耳、乃磬管將將繆徽、考槃之淵、何為者也、則不知予之意懷古歎、傷今歟、吾一以知予之不忍恝然于天下也民之苦亂甚矣哉瞻烏誰止之象滔滔者天下皆是既不忍〔的是難事〕束手而觀其敗又不獲越俎而代為謀意蹙矣可若何感慨歔欷亦寔有無可如何者而乃于磬乎發之也硜所謂物不得其平則鳴也云爾又以知子之不忍恝然于衛也靈之不君甚矣哉婁豬艾豭之歌昏昏者寔為屬階既不得行其道于父母之邦〔乾惕而神不傷〕又不克扶其衰于兄弟之國情殆矣可奈何巢息咨嗟亦自有萬不獲已者而乃于磬乎寄之也蓋不啻垂涕泣而道之〔嗟給未節〕也云爾然則此磬也音必歡愉之音少而愁苦之聲多矣夫人情有所不得于中往往假物以自明況聖人之感情如結乎三年期

月之思老安少懷之志耿耿于胸而未忘非磬孰與傳之者耶然而此磬也又非發揚而宣暢而悲咽而難明矣夫人情有所不得于中雖假物何明而終有未罄況聖人之所如不偶乎天時人事之變物與民胞之義告之斯人而莫聽即磬又豈能盡傳之耶嗚呼聖人之擊磬聖人之難也荷蕢何遽以硜硜見誚哉

曲而直後而不厭三百篇之遺

結出末意

注完難字落筆逸宕奇恣最足長人才思　弟令涪

滿腔憂世苦衷鬱而不舒聖人當日以磬傳之吾儕今日又以筆傳之繞繞擁抑聲聲思似訴平生不得志殆有得于騷之幽者歟　弟鳳欲

子擊磬於衛　一章

敎文徐　引蘭泉

聖人有難已之心，借果者以示天下焉。蓋子之擊磬，心有所難已也。苟蕢知之而轉鄙之，天下將如果何哉？且天生聖人將以道鳴（合門下）天下也，乃不得已而假物以自鳴，則其勢不難與世相離，其遇不難與世相棄，而其心終難與世相忘。使必謂憂世之拘墟轉不如忘世之自得，則不惟聖人所不欲為，抑亦聖人所不屑為也。昔孔氏固天下一有心人也，心欲賡濟世之歌，而知音難得；心欲輓狂瀾之倒，而用我難期。已矣乎！天下其莫已知矣。乃一日者以擊磬於衛特聞。斯時也，身欲已而心不已，其心固難，心不已而身欲已

（馳氣焰紅）

（雞黍在握骨節重遠）

西泠三院會課三刻　論語

其心愈難。蕭然旅館，古調獨彈，孔氏之門，誰復過而問焉者。雖然，莫謂無人也。（磬以心聽。）凡人非誠不形，而至誠則能動物。故夫子偶然寄志，早操離世遯名之輩，而一發其天良。凡人轉念之昧，其初念未嘗不明。故荷蕢偶爾聞聲，（聲得擊露。）遂攄民胞物與之懷，而一形諸歎息。有心哉擊磬乎，荷蕢殆知聖心之難也。（想似有法要頓挫以寄。）且夫難也者，非難於心之不已，而實難於心之不果也。有心一言，子不誠得一知己哉。然而荷蕢幡然計矣。乘桴浮海之思，久已傳聞曩日，今何猶在世間乎。謂夢想未衰，而衮舄之風已邈；謂東周可復，而榛苓之美無聞。依我磬聲，隱士所由鄙於其既也。然而夫子喟然與吳碁月三年之願方

虞廷既空言茲島偏多畸士乎謂煙霞可傲何以釣渭而來歸謂
泉石堪娛何以耕莘而樂道詠茲蘩葉聖人所再嘆羨為未難也然
則子之不能已不忍已而願為其難者誠一有心人也覽觀僕上
桑間之習俗凡子之所見而所聞者人情其尚可問哉然而心則
何可已也其朝野皆可化於雍和其民物皆可濟於仁壽所處今
何不假斯素願莫償耳不然以悲憫之忱甘作溷緣之想此心亦
又何難耶歷稽際可公養於生平凡子之至再而至三者行蹤不
亦徒勞哉然而心終有所終也其情力方盛而事皆可成其願欲
甚殷而功皆可就苟有國士相期則時艱自濟矣不然以栖皇之

念忽爲嘯傲之高此心果能自已耶嗟乎世運有盛衰聖心無今昔而魚魚者乃欲贈苦葉之匏以解憂心之磬也是何心哉

只須臨定題腦而一氣呵成處處筋節卓乎大家原評

噀墨一噴滿紙皆淋漓之氣周茀堂

子擊

徐

子擊磬於衛 一節

葉申

聖心形於聲、遺世者亦若為所動也、夫聖人以天下為心者也、擊磬於衛、而荷蕢者亦若為所動焉、是誠何心哉、嘗思當世有聖人。聖人恃此心。蓋將胥天下而使之危者安。迷者復。而錮者開。此其深情所寓。託於物而亦傳。喻在不言。入于耳而即動。致令漠不相知之人。忽為甘苦相憐之語。觀其所感。情見乎詞。非天下之至神。孰能與於此也、異哉荷蕢者。彼于聖人曷嘗有一日之雅。而知聖乃獨深也。于何知之。蓋子嘗擊磬於衛矣、天下大可為樂。天之志與憫世之志並存。而未有礙也。其在上也奚以喜。其在下也奚

（勁氣直達）（筆下有心高）（喝而入）

墨卷扶實集　七七　壬戌　試　論語

以悲心可寫則寫之應焉如嚮豈真惻然而不能言斯人皆吾與憂違之念與樂行之念交集而莫之捐也處廊廟之高則憂其民處江河之遠則憂其君彝可傳亦傳之或激之鳴當亦抑鬱其誰與語索解人而不得自鳴自止門以內之擊磬自如也微荷蕢孰能以有心許之托（皆慨慷抱嫉極自然）纖業以自晦獨来獨往門以外之荷蕢自如也乃夫子獨能以擊磬動之宜亦思夫子擊磬之心為何如心也哉上觀千古夫子之心即二帝之心也堯有是心而康衢歌焉舜有是心而虞弦奏焉彼其盛氣成象和樂與焉者與此時之一撫一拊升降定復何如乃時非二帝而許身曾不為愚慨然長思托深

情於不言之石而元音充滿一堂是聲何聲雖在衆石孤鳴之流（彈再三賞）猶有聞之而太息者吾固知其聲之大而遠下觀千古夫子之心即三王之心也禹湯有其心而夏頀作焉文武有是心而恒賚歌焉彼其功成樂作被諸弦歌者與爾時之擊石拊石惋愉當自有辨乃勢異三王而興懷常若有寄畢然高望抒積抱於難諧之器而遺音猶餘四座是心何心雖在枯槁沉淪之輩不免觸之而意發者嘗不止于音之廉以辨情不擊則謂彼我未通不知天機所感異類俱忭鳳有時而儀獸有時而舞惟聲之為感捷也況荷蕢則猶然人乎震於其猝相會以微雖過門不入要亦動於聞所未

聞神既交則謂賞音特易不知悲憫所寓衆人不識弦何事而哀歌曲何為而寡和惟心之存主異也乃荷蕢則淵乎深矣初非同調殊一如已則會心不遠要已發人所未發顧我不以是多荷蕢而獨異聖人之一擊足以擊荷蕢者之成心而使之動而無如其終不可轉也

幽懷曲緒沉鬱芊綿太史公論離騷如是作者可云同調

王元音

○子擊磬於　全章

福建提太宗師歲試侯官學三名　趙若愚

聖人不忍忘天下、非隱士之所能識也、夫荷蕢以夫子為有心、而夫子正不能無心也、然則夫子非鄙也、而荷蕢則已果矣、且聖人之道措諸天下則有其事、藏諸一己則有其心、夫至事所不能見而徒寄之一心、○○○○○○○○○○○○○○○○○○○○○○○○斯亦聖人之所大不得已矣、而一時晦遯者流又往々病其處世之無術、致使大聖人委曲之衷、反晦然無以自白、則奈何不即其救世之深心、而一共明之也、吾夫子棲栖遑遑之累日、抱東周之願、一車兩馬僕々風塵、既乃所如不偶、致慨知希、其亦傷之矣、抑此心猶眷々不忘也、一日者驅車至衛、僑遊少憩、偶見玉磬、爰為拊擊、其亦有不得其平乎、乃徘徊久之、門以外忽見有行蹤落々者、乃荷蕢而過斯也、噫、斯果

何人哉吾聞衛之地泉甘而水清其間往往多賢士名流焉故北門之
君子鼓舞之頑人類皆戢然貧賤不忘國家此真千古之有心人也行
荷蕢者豈其流亞歟則夫子將與之結同心而廣同調歟而孰意不然
也當其甫聞磬聲亦既知吾夫子之有心矣而且訊有心者之鄙病有
心者之硜硜欲有心者之可已斯已而且厲深厲淺揭之詞以為有心
者諷者知心者不知心抑獨何歟噫荷蕢以夫子為有心也而荷蕢則
誠不能忘心也即荷蕢自以為解詩而再覩吾藥之為招招舟子尚須
卬友以共涉而況躬負世道之責斯人皆吾徒也四海猶一家也其可
自屏於寬閒寂寞之濱而遯世以鳴高乎哉宜子聞之而體縱有心也
曰夫我則誠不能忘心也如必忘心然后可則是世道可忘而民生可

也則是聖賢之羨善可勿為而君臣之大義何勿伸也而由、昔以思
何其果也且夫吾之所以轍環列國席不暇煖勞瘁一至此者、為此
救世之一念耿耿、雖志不忍與世長相辭耳如其果也則終不遇明徵
於山林之際浩歌于槃澗之濱閒自邊視軌狂之理亂得失忽焉不
加喜於其心彼世之碌碌自非者類傑為之又何所難執功名未至
聊靜氣以聽遭逢利濟有期雖平心以俟遇合吾終長抱此心與之共
古已矣彼荷蕢者其知之否夫安上全下以弘匡濟者大丈夫得志
之所為也為君為民不忍棄置者大聖人救世之心也若夫高蹈遠引
決然舍所係戀者此真士君子之所鄙也鄙者之患因以不鄙者為甚

趙太宗師原評

妙義相發辭衣纖穠之際字裏行間頓覺芬芳襲人

子擊磬於衛　一節

山東佐學使科考　劉一體
文登縣學一名

聖心假物以傳、隱士聞聲而歎矣。夫子以天下為心也、心寄於磬、磬以聲傳、衛蕢何人、亦聞而輒歎耶。且人心之不同久矣、其不易識矣、況乎以難釋之心、入無心之耳、卒然遇之而相遇、而相忘也固宜。乃子之於衛則有異、夫衛之時、大不可為矣、碩人也隱於伶、賢士也陵於磬、彼其心誠何心哉。子也棲棲不遇、托跡燕土、于焉依我、棲遲擊於磬、我憂其亦傷之矣、抑亦別有衛也。斯時也門（敖敖閒處）以內受禄中東門以外、聞其無人、曲高和寡、亦大不聊耳、不謂有人焉、行且止、且止徘徊往來、聞磬慨歎曰、有是哉、其擊磬耶、其止於擊磬耶、是有心者、於行鬱

葬知之矣斯言也其疑乎耶其諷乎耶其乍感而有動乎中耶衛
一過而相諭于微渺之中忽焉有閒而相貫于風塵之外意托之亦
衛之隱君子乎而雖字不傳徒憶其過門時則荷蕢者也吁嗟荷蕢
其孔氏之同心與乃來幾而後言費矣荷蕢者其猶為孔氏門外
之人也夫

獨往獨來清秋鶴唳　原批

看筆不多說盡俗套宜外見稱爲雅調

子擊磬於衛　一節　　十名　劉元亨

聞擊而嘆其有心、亦似知心人也、蓋夫子之擊磬、洵非無心也、荷蕢聞而知之、亦有心人哉、且聖人者天為天下而生也、天為天下而生聖人、聖人必不忍一日而忘天下、故雖偶然之擊、猶致令有識者之相賞而遙嘆焉、昔孔子所冀以大道之行者、惟魯其次莫如衛、無如淪落不偶、不得遂其行道之志、一日忽在衛而擊磬、夫磬之為物、其音悽以愴、而夫子隱隱如結者、（即此有心）拱若與磬音而同悲、磬之為物、其韻悠以長、而夫子戀戀莫釋者、又若與磬韻而俱永、在夫子亦自安其常耳、未必有意於其間也、不意有過其門而為荷蕢者遂若知之矣，同凡人情有所不能忘則偶覩一器皆形其抑鬱之況若人非有所不能忘而明以磬之中有遺音也吾知斯（此條不必）人擊磬之心非考槃碩人之心為西方美人之心殆固結而莫解也凡人意有所不能釋則偶覩一物皆觸其流連之致若人非有所不能釋而明以磬之外有深思也吾知斯人擊磬之心非晨門泌水之心為父母乃藏之心蓋纏綿而莫置也有心哉吾欲倡（千此久外猶絕）而歎和而聲不相應安望異曲之同工吾欲入門而一擊而調不同安能比音而合奏噫荷蕢之於夫子亦誠知心人也惜乎其果乎忘世也

着墨不多，意致自遠，郭恕先之畫也。王學舒

子擊磬於衛　丙十　謝祚嘯　子新

子衛而有所擊。情寓于磬矣。夫磬亦何必擊于衛而擊磬乎也。不寧悠然之世。情不寓于磬乎。嘗思中天之世。大道行。而野人以擊石首鳴。其豫春秋之時。大道隱。而聖人即以擊磬者寓其號。如子之在衛是已。衛文之昭也。子三至衛。不特淇泉沬土。哀感乎康叔武公之舊。亦且山樓隱參思深于鎬京。豈水之遺乎。豈無意于衛哉。使衛之君能衛于淇志。請而氣暢家功昭德。可以致萬物之和。既衛之臣能薦子。則蕩舒而情愜。金聲玉振。奏以平萬物之然。何至于磬而徒擊縱樂。如大雅寢哀之後。陰陽風雨。無以協四氣之宜。子也雖不怨天尤

奠之庚予深悲之矣故抑詩之極不淋漓其憂聲補風遲窗之餘耕

繁絃調態以遂欣生之欲予也雖不尤人而人事之無予深慨之矣

鼓鬱悽之情不覺依我磬聲優柔平中之德無所展哉雖以磬聲者

南風之歌漸摩陶淑之澹無所遺恍若以擊磬者挾公庭之舞

磬之意未出乎而意之寓于磬者依然繫戀之衷即擊之之情

亦告于人而情之寄于磬者猶是猗蘭之感斯聽也門以內擊磬而

已不意門以外且來一知音人也

聲調清越不作激楚自見雅人深致閒用悽切衛說尤所謂意愜

關飛動也

王伯雪

子擊磬於　全章　顧三典

聖人心為其難非忘世者所能知也夫惟莫已知而不容已足以難也擊磬之心荷蕢者烏足以知之哉且夫人逢世難乎避世難（即權難乎）乎必曰避世者難矣逢世難乎持世難乎必曰持世者難矣夫在異日固與尚富貴之失而在今日弁與徒貧賤之懷此持世之難（惡）避世者往往而不容也吾夫子歷聘久矣諸侯王無有知者此時（空一擊全題震動）夫子之心欲已難欲不已難欲已則顧一世之淪胥而不忍欲不已則待一時之遇合而無期欲不已則復此展布者何地而不思息肩欲已則以此栖皇者何為而遽思改轍其在衛而擊磬蓋悲

天憫人而進退維谷不能果焉一夫之心隱隱乎寓之乃有荷蕢者甫聞之而遂嘆為有心也一夫千古之有心者蓋未有不難也乘蕢硜契寄有心斯世矣而所司皆極難之事呂召畢散寄有心斯世矣而所奏皆極難之功以效其材其經綸天下者若彼矣下後世之倚賴者若此是惟幸而遇明君遇聖王也設也終身猥後遂能晏然已乎悲哉其有心也有知己者雖無知己者愈難而荷蕢所鄙為硜硜者乃曰莫己知而不已也夫亦思己之所以求知者謂何而可已耶世之重於莫己知者謂何而可已耶而且為之味衛風曰深則厲亦思大川之險有頃與爾共濟而不容爾之獨儒

若所以難耶曰然則揭亦思簣蕢之慨有顧與爾同免而不容闈之揭揭者所以難耶天子聞而瞿然曰果哉同為斯人之徒不忘其若是不相顧也月觀天下之窮不意其若是不相關也夫寧已（濟○折○可○愛）者巧而不已者拙乎卜非得仕也夫寧已者智而不已者愚乎子（費○世○剛○出○來○兔）非獨愚也亦曰是非乎所難者故不遽已耳如曰斯已而已矣果（華○蓊○艷○有○此一）哉未之難矣蓋天下事有為其易者而難者見於敵之間於遷自得而吾君吾相乃至獨任其勞有為其難者而易者安廟堂之上拮据太平而一上一窔乃得各行其志吁荷蕢既已為其易而能使夫子無為其難乎夫子不為其難而荷蕢猶得安於其易乎蓋

顧有常真稿　　論語

○○○○○○○○○○

千古之有心者未有不難也

以難字運化全題而其中迴環穿挿煙波萬狀

女與回也　全章

張河莹觀風監沈儼
城縣學一名

好愈人者難於自知、故聖人有弗如之教也、今賜之弗如回久矣然必賜能自謂弗如、而後可以進賜也、于急與之有以夫且夫教人之法與為抑之毋寧試之、與為激之毋寧迎之、試之所以為抑也、迎之所以為激也、蓋昔者聖人嘗以此教子貢、何言之、賜之弗如回、夫人而知之也、夫寧獨賜也、而獨不自知也、然而人情之所最護而不甘以

○勢○若○高○原○建○瓴○

告人者惟此人已相形之際、而況素為好勝而不肯以下人者最難

○題○前○透○出○自○居○之○難○

曩其慨不若己之心、其知回乎、其弗如回乎、賜不自言、誰代為言之

○股、節、

也、乃自子有孰愈之問、而後賜與回之大較定也、非子定之、直賜自

論五

安之也一自賜有何敢望回之對而後賜與回之分數决也賜自决
之子即安得不急决之也聞耶知耶知二耶知十耶賜原得力行知
故即以知與回較回不自見其知故其知遁與賜殊以為弗如誠弗
如也以為可與正可與也但時存此弗如之念而錮獨中毋斯毋蔽
內視常覺自危但不昧其弗如之真而神明內獨知獨覺學識因以
日生而後知千古皆此弗如之境也下聖傳此弗如之心也回與賜
皆弗如中人賜固欲進而回亦未見其止也二與十皆弗如中候二
周偏見而十豈即為至極也其弗如回也乃悲如回乎假而賜曰知
回非惟知之且欲愈之則是賜終為賜而已矣則是回終為回而已

○結○何○奇○矯○

矣賜也何敢望回

佶然以生。癯然以清。柳河東之文也。原評

入手說透人情之難于自屈。破空而下。通齣俱。靈點次題面。妙解

脫卸法。未幅煞尺萬里。尤為短篇之勝。

女器也　至不可離也

陸毅

賢者之材達於用，非若不可教者矣。蓋子之以器與賜，雖不若雍與回乎。然使行道而仕，何遽不若由求赤也。彼晝寢之予又何用哉。且唐虞之時賢才聚於上，春秋之時賢才聚於下。吾夫子設教洙泗，而一時來學之士，彬彬乎皆濟世之英也。（首尾綰合）雖然濟世者視乎其才，來學者觀乎其志。故有才者可以增廊廟之光，無志者無所施琢磨之力也。如一日者賜有何如之問。夫賜固通達之士也。假使致身朝右，委贄朝廷，則必樹棟樑之望，則必翼堂構之基，則必奠苞桑之固。豈猶（影起末句）雕蟲小技無當國家之大體乎。（八）（雍也節）始則許之以器，終則予之以瑚璉。是雖凝重簡默不若雍之厚德乎，以彼其才又何不可拜手書忠為王

國之頹也哉今而後賜可出而仕矣等而次之漆雕開固其選也不（先進仕字）
謂其歟然未丑也又等而次之由固其選也不謂其徒然好勇也假
使當日者以孔子之聖或君若相委政而從之舉國而授之與諸弟（入王）
子戮力同心共襄厥事微獨賜之才可以華國也以劉果如由而畀
（試伯卯）之以折父之責以多藝如求而畀之以司農之責以溫文爾雅如赤
而畀之以矜人之責則固曰強民曰富二三友邦亦棄惡從好而無
（器字排得自然）兵革之禍豈非皆適用之器哉而吾如其道之不行也則吾與七十
子聚此堂也講此業也以求進乎仁焉斯已耳而其中天姿學問惟
（一兩字轉換便超峯景）顏氏子為最着此即聞一知二之賜尚蹤躡如而況晝寢之宰予也
耶嗟嗟志不銳者以之為己必隳氣不壯者以之任事必畏是吾棄

材而已矣○朽木不可雕○曾何足置之几筵之上陳之爼豆之旁與商瑚○夏璉○輝映于宗廟中（捷○得○並○）使人捬而驚之什襲而藏之許爲天下之重器也哉○君子觀于子貢○而知才之有用也○觀于宰予○而知學之無成也○一裘一腋之閒○聖門諸弟子○亦約畧可定矣○

以題之次序爲文之起伏○蕩漾生情○漪漣可愛○有意無意○自成波折○最要看其偷換轉反斲補接落之法○良工苦心○真是經營慘淡○毋徒以便剩目之○

女器也　陸